# 일본군 '위안부' 문제의
해결을 위하여

IANFU MONDAI NO KAIKETSU NO TAMENI
by WADA Haruki
Copyright ⓒ WADA Haruki 2015
All rights reserved.
Originally published in Japan by HEIBONSHA LIMITED, PUBLISHERS, Tokyo
Korean translation rights arranged with HEIBONSHA LIMITED,
PUBLISHERS, Japan through THE SAKAI AGENCY,INC.

이 책의 한국어판 저작권은 The Sakai Agency,Inc.와 토니 인터내셔널을 통한
권리자와의 독점계약으로 '역사공간'에 있습니다. 저작권법에 의해
한국 내에서 보호를 받는 저작물이므로 무단전재와 무단복제를 금합니다.

# 일본군 '위안부' 문제의 해결을 위하여

와다 하루키 지음 ● 정재정 옮김

일러두기

1. 이 책은 원서인 『慰安婦問題の解決のために-アジア女性基金の經驗から』(2015년 5월 발간)를 한국어로 옮기면서 '저자의 말', '글을 시작하며', '글을 마치며', '연표'의 일부 내용을 수정하였고, 보론으로 2편의 글을 실었다.

2. 위안부, 대동아전쟁, 쓰구나이, 쓰구나이긴, 미마이킨 등의 용어는 가능한 한 원저자의 '의도'를 전달하기 위하여 표현을 그대로 한글로 번역하였다. 이것이 일본인 필자가 사용한 용어 또는 표현에 담긴 '의도'에 동의한다는 의미는 아님을 밝힌다.

저자의 말

## 한국 독자들에게

나는 2016년 5월 10일 일본대사관 앞에 있는 소녀상을 방문했다. 소녀상 옆에는 비닐 텐트가 쳐져 있었고, 그 안에는 젊은이들의 모습이 보였다. 뒤편 공사현장을 가린 하얀 벽에 "박근혜 정권은 매국적 '위안부' 합의를 당장 폐기하라"는 슬로건이 적혀 있었다. 그 외에 메시지가 적힌 많은 노란색 나비 모양 종이도 붙어 있었다. 신랄한 표현이기는 하지만, 그 광경은 이상하게 밝은 느낌이 들었다. 내가 이 책을 발표했던 2014년 말의 모습과는 천지 차이였다. 비에 젖은 소녀상은 사람들의 새로운 관심에 둘러싸여 있는 것 같았다. 어쨌든 12월 합의로부터 4개월 이상이 지났음에도 불구하고 문제 해결을 향한 길이 아직 열리지 않았다는 것은 분명해 보였다.

이런 가운데 내가 쓴 『慰安婦問題の解決のために－アジア女性基金の経験から』(平凡社)를 외우畏友 정재정 교수의 노력과 동북아역사재단의 지원으로 한국에서 출판하게 되었다. 감사한 일이다. 이 책은 2015년 봄에 완성하여 5월에 도쿄에서 출판했다. 한일관계의 위기 속에서 '아베 총리와 박근혜 대통령이 어떻게든 대화를 하여 위안부 문제 해결에 박차를 가하기를 바란다. 2014년 6월 제12차 일본군'위안부' 문제 해결을 위한 아시아연대회의의 제안을 잘 고려하여, 그것을 기초로 해결안을 만들면 좋겠다'는 바람으로 쓴 책이었다.

2015년 11월 2일, 마침내 서울에서 한일 정상회담이 개최되었고, 조기 타결에 대한 합의가 이루어졌다고 보도되었다. 나는 매우 기쁜 마음으로 12월 초에 발매될 잡지 『세카이世界』 신년호에 아베 총리가 타결에 임하는 과정을 분석하고, 해결에 대한 희망과 해결조건을 거듭 표명한 글을 기고했다. 이 글이 이 책의 첫 번째 보론이다.

그해 12월 23일 나는 서울을 방문했다. 위안부 문제에 관심을 가지고 있는 연구자들과 만나서 정대협 사무소를 방문해 윤미향 상임대표를 만났다. 윤미향 대표는 아베 총리가 해결책을 낼 수밖에 없을 것이라고 확신하는 것 같았다. 나는 건물 밖에서 그녀에게 "Happy New Year"라고 말하고 헤어졌다. 25년에 걸친 긴 싸움을 매듭지을 수 있는 새해가 되었으면 좋겠다고 진심으로 바랐다.

하지만 12월 28일 불시에 발표된 한일 외교장관 합의 내용은 우리 모두에게 충격을 주었다. 그것은 일종의 기습전법의 산물이었다. 아베 총리의 사죄 의지는 전달되었지만, 표현은 부족했고, 무엇보다 피해자에 대한 사죄가 표명되지 않았다. 일본 정부의 자금을 거출하기로 했지만, 그것이 사죄의 증거라고 설명하지 않았다. 그럼에도 불구하고 "최종적이고 불가역적인 해결"이라는 점만을 강조했고, 소녀상 이전·철거를 요구했다.

다음 날 『아사히신문朝日新聞』에는 「피해자 찾아가 사죄를」[1] 이라는 나의 논평이 게재되었다. 지금 이대로는 피해자와 운동 단체에서 수용할 수 없다는 것을 금방 알 수 있었다. 25년간의 싸움, 1,300회가 넘는 수요집회가 있었음에도 불구하고 한일 양 정부 간 협의 결과가 이 정도였다는 것은 매우 유감스러운 일이었다. 일본 국가의 구성원으로 다시 한 번 무력감을 느끼고 스스로 책임을 통감했다.

그렇다면 어떻게 해야 할까? 12월 합의에 대해 '즉시 파기', '백지철회', '무효선언' 등의 주장부터 '무시', '개선', '보완'론까지 다양한 입장이 표명되고 있다. 내 입장은 '아베 총리의 사죄는 끝나지 않았다'는 것이다.

그날 기시다 외무상이 발표한 표현을 보면, 배후에 다음과 같은 총리의 사죄편지가 존재해야 한다.

위안부 문제는 당시 군의 관여 아래 다수 여성의 명예와 존엄에 깊은 상처를 입힌 문제이고, 이러한 관점에서 일본 정부는 책임을 통감하고 있다.

나는 일본국 내각총리대신으로 다시 한 번 위안부로 많은 고통을 경험하고, 심신에 걸쳐 치유하기 힘든 상처를 입은 모든 분들에게 사죄와 반성의 마음을 표명한다.

2015년 12월 28일 일본국 내각총리대신 아베 신조[2]

이 편지는 고노 담화에서 시작하여 아시아여성기금 사업 실시 과정에서 발표한 역대 총리의 '사죄편지' 문안을 반복하면서 "도의적 책임을 통감"이라는 표현을 "일본 정부는 책임을 통감"이라는 표현으로 바꾼, 일보 진전된 것이다. 고노 담화와 아시아여성기금 사업의 인식을 모두 계승한다는 것을 확인하는 의미도 있다.

이러한 총리의 사죄편지가 작성된다면 한국 주재 일본대사에게 지시하여 그 편지를 살아계신 한국의 위안부 피해자 분들에게 전달해야 한다. 또한 제네바 유엔인권기관에도 전달하여 전 세계에 발표해야 한다. 피해자 할머니들이 이를 어떻게 받아들일지, 피해자의 마음을 울리는 사죄로 받아들일지 …, 그것을 주시해야 한다. 그렇게 된다면 앞으로 해야 할 일을 준비할 수 있다. 이러한 생각을 나는 3월 초에 나온 『세카이』 4월호에 실었다. 그 글이 이 책의 두 번째 보론이다.

5월 말에는 12월 합의에 기초하여 한국 정부가 설립할 재단의 준비위원이 발표되었다. 이어 6월 9일에는 6명의 할머니와 정대협 관계자를 중심으로 한 정의기억재단의 설립도 발표되었다. 두 개의 재단이 다투는 듯한 이미지가 만들어졌다. 나는 한국 정부가 만드는 재단이 위안부 피해자의 명예와 존엄의 회복을 위해 사업을 진행하는 것이라면, 아베 총리의 사죄편지를 받아내고, 이와 함께 피해자 할머니들에게 금전적인 지불을 하길 바란다. 이미 이 세상을 떠난 위안부 피해자를 위해서는 위령비를 서울에 세워주길 바란다. 또 밝혀진 위안부 문제의 진실을 알리는 역사기념관을 세워줄 것을 바란다. 정의기억재단은 정부가 만드는 재단의 사업이 자신들의 사업과 일치되는 부분에서는 협력해 나갔으면 한다.

이 책은 1995년부터 2007년까지 존재했던 아시아여성기금 관련 경험을 주로 썼다. 한국의 피해자 할머니 60명이 이 기금의 '쓰구나이償い(속죄)' 사업을 받아들였지만, 한국 피해자의 다수와 운동단체, 국민 대다수는 이 기금을 일본 정부가 책임을 회피하기 위해 만든 방패막이라고 생각해서 거부했다. 일본군'위안부' 문제가 불거진 지 25년의 세월이 지난 지금, 초기 대처와 아시아여성기금의 활동 등을 되돌아보는 것이, 아직도 이 문제의 해결방법을 찾기 위해 고민하고 있는 한국 사람들에게 조금이나마 도움이 되지 않을까 생각한다.

식민지 지배를 반성하고 사죄하고, 위안부 문제의 중대한 의미를 인식하고 사죄하고, 속죄 조치를 취하는 것은, 그렇게 해야 하는 일본이나, 이를 요구하는 한국이나 모두 영원히 짊어져야 할 문제다.

2016년 7월

와다 하루키

역자의 말

## 일본 지성의 지혜와 성의 그리고 염원이 담긴
## 일본군 '위안부' 문제의 해법

현재진행형의 문제에 관해 쓴 책을 번역할 때는 왠지 모르는 압박감을 느낀다. 더구나 그 사안을 둘러싸고 견해의 충돌이 심할 경우에는 긴장감이 더해진다. 와다 하루키 선생이 쓴 이 책이 바로 그렇다.

    2015년 12월 28일 한국과 일본의 외교부장관은 일본군 '위안부' 문제의 해결을 위한 합의안을 발표했다. 양국 정부는 그 취지에 따라 후속 조치를 논의하면서 주관 재단을 설립하는 등 합의안을 착착 실행에 옮기고 있다. 그렇지만 일부 피해자와 그 지원자 등은 이런 움직임에 강한 불만을 품고 합의안의 파기를 주장하며 별도의 재단을 만들어 대항하고 있다. 그리하여 간신히 마련된 일본군'위안부' 문제 해결의 마지막 시도는 성공 여부를 가늠하기 어려운 상황을 맞고 있다.

와다 선생의 이 책은 제목 그대로 일본군'위안부' 문제의 경위를 꼼꼼히 따져가면서 바람직한 해결방안을 제시하고 있다. 백면서생으로서의 탁상공론이 아니라 이 문제의 중심에서 해결을 위해 분투해온 지성인으로서의 경험을 바탕으로 근본적이고 실천적인 해법을 제안하고 있다.

와다 선생의 경력과 신조에 대해서는 설명이 필요하지 않을 정도로 우리에게 잘 알려져 있다. 그는 러시아사 연구의 태두일 뿐만 아니라 남북한 현대사 연구의 대가다. 한국의 민주화운동을 지원하고, 식민지 지배에 대해 일본의 사죄와 보상을 줄기차게 요구해왔다. 선생의 이러한 주장과 연구 그리고 운동이 반영된 여러 저작은 한국어로도 번역되어 독자의 호평을 받고 있다. 이번에 번역한 이 책은 일본군'위안부' 문제를 해결하기 위해 스스로 아시아여성기금의 전무이사, 사무국장이 되어 활약한 경험을 바탕으로 쓴 것이기 때문에 더욱 우리의 가슴을 울린다.

이 책은 일본군'위안부' 문제의 연원과 성격, 해결을 위한 노력의 성과와 한계, 합의안의 평가와 보완 조처의 필요성 등을 간명하게 기술하고 있다. 특히 반성의 자세에서 자신이 관여한 아시아여성기금의 공적과 과오를 냉철하게 분석한 것은, 고뇌하며 실행하는 지성의 모범을 보여주었다고 평가할 수 있다. 따라서 분량이 많지 않은 이 책 한 권만 읽어도 복잡하고 난해한 일본군'위안부' 문제 전반에 대해 정확한 지식을 얻을 수 있다. 그리고 일본군'위안부' 피해자가 받아들일 만하고 실현가능한 해결방안이 무엇인지에 대해서도 균형 잡힌 사고를 할 수 있다. 일본군'위안부' 문제에 대해 일선에서 고민하고 연구하고 실행해온 최고 지성의 지혜와 성의 그리고 염원이 담겨 있기 때문이다.

이 책은 원래 한국과 일본 정부가 합의안을 도출하기 이전에 일본군'위안부' 문제가 하루빨리 그리고 완전하게 해결될 것을 바라면서 쓴 것이다. 따라서 와다 선생의 주장과 양국 정부의 합의안에는 적지 않은 차이점이 존재한다. 와다 선생은 곧바로 양국 정부가 마련한 합의안의 내용을 면밀히 검토하고 평가한 위에, 자신의 견해와 다른 부분에 대해서는 수정과 보완을 제안하는 글을 새로 집필하여 이 책에 덧붙였다. 그리고 나는 자료의 출처 등을 주석에 표기하고, 합의안 발표 이후 발생한 주요 사건을 연표에 추가했다. 그러므로 나는 이 책이 합의안 발표 이후 새롭게 전개된 일본군'위안부' 문제의 추이에 대해서도 정확한 정보를 가장 많이 담고 있는 최신의 저작이라고 자부한다.

나는 될 수 있는 한 많은 사람들이 와다 선생이 쓴 이 책을 읽고 일본군'위안부' 문제에 대해 정확한 지식과 견해를 갖게 되기를 바란다. 특히 일본군'위안부' 문제를 직접 다루고 있는 정부와 기관의 관계자, 일본군'위안부' 피해자와 이들을 지원하는 운동가, 국민 여론을 조성하는 언론인과 연구자는 이 책을 꼭 정독하라고 권하고 싶다.

끝으로 와다 선생이 절실하게 바라온 것처럼 일본군'위안부' 문제가 하루빨리 해결되어, 한국과 일본의 역사화해가 촉진되고 교류협력이 진전되기를 바라 마지않는다. 그리고 논쟁의 한가운데에 있는 뜨거운 주제를 다룬 이 책을 번역 출간하는 데 도움을 준 동북아역사재단의 관계자 여러분과, 원문에만 충실한 번역문을 독자가 읽기 쉽도록 다듬어준 역사공간에게 감사드린다.

2016년 7월

정재정

차례

저자의 말·5

역자의 말·11

글을 시작하며·16

제1장_ 한일관계의 위기와 위안부 문제  23

제2장_ 위안부 문제는 어떤 문제인가?  45

제3장_ 고노 담화는 어떻게 만들어졌나?  85

제4장_ 아시아여성기금은 어떻게 탄생했나  115

제5장_ 아시아여성기금의 쓰구나이 사업  157

제6장_ 아시아여성기금 해산 이후의 새로운 전개  197

제7장_ 위안부 문제의 해결을 위하여  213

글을 마치며·226

보론
1. 위안부 문제의 해결은 가능한가·233
2. 한일 외교장관회담 합의에 대한 고찰·253

일본군'위안부' 문제 관련 연표·274

미주·285

참고문헌·291

내가 위안부 문제를 명확하게 알게 된 것은 지금으로부터 51년 전인 1965년 한일조약 체결을 둘러싼 논의와 운동이 한창 격심하던 때였다. 당시 논쟁과 운동을 하던 사람들에게 가장 널리 읽힌 책은 일본조선연구소의 『일·조·중 삼국인민연대의 역사와 이론』[3]이었다. 그 책에는 다음과 같은 내용이 있다.

일본 제국주의자는 매춘제도의 가장 저변에 조선 부인을 대량으로 투입했다. 특히 군대를 상대로 하는 위안부제도야말로 가장 야만스럽고 오욕스러운 것이었다. 이것은 위안부 한 명이 줄을 서서 차례로 밀려들어 오는 50명의 천황제 일본군 병사를 하루에 상대할 것을 강제한 제도였다. 이는 조선 본토뿐만 아니라 '만주'에서도 '지나대륙'에서도, '남방'에서도 우리 '황군皇軍'의 모든 전선에 '위안부부대'로 배치되어 있었던 것이다. 그중 80%가 강제로 끌려가 내몰린 조선 부인이었다.

게다가 이 위안부 부대에 대해서는 반드시 해야 할 말이 있다. 그것은 '황군'이 패전·퇴각할 때 이들 위안부를 현지에 두고 온 것은 그나마 낫고, 대부분 한군데로 모아 죽였다는 것이다. 이렇게 해서 일본 제국주의의 가장 추악한 측면은 지상에 '자료'도 증거도 남지 않고 말살되었다.

무섭고 끔찍한 이야기라고 생각했다. 이 글을 읽었을 때부터 위안부는 일본 식민지 지배의 가장 심각한 죄로 내 머리와 마음속에 남았다. 1980년대에 일본이 한국의 식민지 지배를 반성하고 사죄하는 태도를 공식적으로 밝혀야 한다고 생각하고 국회결의를 요구하였을 때도 물론 나는 위안부 존재를 염두에 두고 있었다. 1989년 쇼와昭和 천황이 죽었을 때 결국은 조선 식민지 지배에 대한 사죄 없이 쇼와시대가 끝난 것을 심각하게 여겨 국회결의를 요구하는 국민운동을 시작하게 되었다. 그때 한 선언에도 다음과 같이 썼다.

일본은 이 민족의 토지와 자원을 빼앗았을 뿐만이 아니다. 언어를 빼앗고 이름을 빼앗고 영혼까지도 빼앗으려고 하였다. 아이들에게까지 '황국신민의 서사'를 강요하고 '천황 폐하에게 충의를 다하겠다'는 맹세를 강요했다. 남자들을 군속으로 동남아시아 지역에 보내는 동시에 노동자로 일본에서 사할린까지 강제연행하였고, 여자들을 위안부로 전쟁터에 보냈다. 그 결과 일본인이 원폭으로 불에 타 죽었을 때 조선인도 피해를 입었고, 일본인이 전쟁범죄인으로 처형을 당했을 때 조선인도 포함되었다.

이처럼 위안부라는 존재를 일본 식민지 지배의 가장 끔찍한 사안이라고 생각하고 있었음에도 불구하고 위안부는 나에게 역사 속 존재일 뿐 현실에 살아있는 인간의 문제가 아니었다. 그래서 1991년 8월 김학순 할머니의 등장은 생각지 못한 것이었고 큰 충격을 받았다. 나는 위안부 문제 해결을 위한 여성운동이 급속하게 고조되는 것을 보면서 국회결의 요구 운동을 계속 진행하고 있었다.

1993년 8월 위안부 문제에 대해서는 획기적인 고노河野 관방장관 담화가 발표되었다. 그 직후에 호소카와細川 정권이 탄생했다. 비자민非自民 연립정권에 대한 기대는 커졌다. 그러나 침략전쟁이든 식민지 지배든 호소카와 총리의 발언은 놀라운 면도 있었지만, 사회당에서 7명이나 장관을 뽑은 호소카와 내각은 전쟁 피해자 보상에 대해 아무런 구체적인 대처도 하지 않았다. 반대로 보수 세력이 호소카와 발언에 불만을 품고 한꺼번에 들고 일어났다.

그랬기 때문에 1994년 6월 무라야마村山 총리의 자自·사社·사키가케さきがけ 3당 정권이 탄생하였을 때는 불안함이 앞

섰다. 전후 50년의 국회결의는 사회당과 사키가케의 공동정권 구상에 들어가 있었고, 자민당도 승인하였기 때문에 실현가능하다고 생각했다. 하지만 그 이상의 구체적인 조치가 이 내각에서 취해질 수 있는지는 알 수 없었다. 신문에서는 전후 50년 평화우호계획 이야기만 선전하고 있었다. 그래서 8월 중순 위안부 문제에 대한 기금 설치 구상이 나왔을 때는 안도의 한숨을 쉬었을 정도였다.

전후 50년 국회결의 내용을 고려하여 그것이 3당(자·사·사키가케) 협의에서 거론되도록 힘쓰던 내게 충격을 준 것은 1994년 12월 오쿠노 세이스케奧野誠亮 회장이 주도한 종전 50주년 국회의원연맹의 탄생이었다. 의원연맹은 '앞의 전쟁에 대한 어떠한 사죄도 반성도 해서는 안 된다. 그러한 국회결의는 용서할 수 없다'는 입장이었다. 이타가키 다다시板垣正가 사무국장, 아베 신조安倍晋三가 사무국 차장을 맡았던 이 의원연맹이 나중에는 자민당 의원의 3분의 2를 포섭했다. 심각한 사태였다.

한편, 무라야마 내각이 위안부 문제에 대한 대처 조치로 내세운 아시아여성기금 설립 구상은 한국과 일본의 급진파에게 처음부터 비판 받았고, 중도파에게도 비판 받고 있었다. 위안부 피해자도 모두 반대하고 있었다. 일본 정부의 성의 있는 사죄로 느껴지지 않는다는 것이었다. 그 비판은 이해할 수 있었지만, 당시 나는 보수 역류의 움직임에 한층 더 위기를 느끼고 있었다.

1995년 봄, 나는 '여성을 위한 아시아평화기금(약칭 아시아여성기금)'의 발기인이 될 것을 요청받아 이를 받아들이기로 했다. 그때부터 나는 아시아여성기금이 존재하였던 전 기간 동안 활동했다. 발기인으로 기금에서 작성한 대부분 문서의 기안에 관여했다. 1999년에는 운영심의회 위원이 되었고, 곧 위원장이 되었다. 2000년 무라야마 도미이치村山富市 전 총리가 아시아여성기금 이사장으로 취임하였을 때 요청을 받아 이사가 되었다. 2005년에는 전무이사, 사무국장이 되었으며, 2007년 기금 해산의 실무를 담당하였고, 디지털기념관인 '위안부 문제와 아시아여성기금'을 설립했다.

아시아여성기금의 해산은 위안부 문제가 해결되었다는 것을 의미하지 않는다. 특히 한국에서 문제는 해결되지 않았다. 나는 나름대로 아시아여성기금 활동을 총괄하기 위해 몇 개의 글을 발표했다. 「아시아여성기금 문제와 지식인의 책임」은 2008년 『동아시아 역사인식 논쟁의 메타히스토리』[4]에 실려 간행되었다. 뒤이어 2010년에는 「아시아여성기금의 성립과 활동」이 『전쟁·평화·인권』[5]에 수록되었다. 2011년에는 「일본의 전후 화해 노력과 아시아여성기금」이 『사라져버리지 않는 과거와의 씨름-일본과 독일』[6]에 실려 간행되었다. 2012년에는 새로운 상황 속에서 아시아여성기금의 역사를 처음 비판적으로 검증한 「위안부 문제 20년의 명암」이 『'위안부' 문제의 해결을 향해서』[7]에 수록되었다.

하지만 지금 돌이켜보면, 지금까지 쓴 나의 글은 당사자였기 때문에 많은 것을 간과한 표면적인 분석에 그쳤다는 생각이 든다. 나는 2014년부터 다시 자료를 읽고 생각하여 아시아여성기금의 사업 내용을 새롭게 이해하고, 기금의 기본 개념에 감춰져 있던 문제점도 확실히 알게 되었다. 나는 이것을 『회상과 검증 아시아여성기금』으로 쓰기로 했다. 그 글을 집필하던 중에 헤이본샤平凡社로부터 의뢰를 받아 이 책을 먼저 쓰게 되었다.

위안부 문제의 해결은 어려운 일이다. 위안부가 되었던 사람들은 큰 고통을 받았다. 그 한을 푸는 일은 불가능한 일일지 모른다. 그렇기 때문에 일본이라는 국가는 성의를 다해서 최선의 노력을 기울여 사죄의 마음을 피해자들에게 전해야만 한다. 피해를 입은 사람들이 살아있는 동안에, 그들이 받아들일 만한 사죄의 언어와 조치를 내밀 필요가 있다. 정부 관직에 있는 사람과 국민 모두 그런 마음을 가져야 한다. 그렇게 하는 데 이 책이 조금이나마 도움이 되면 좋겠다.

제1장

# 한일관계의 위기와
# 위안부 문제

한일관계가 역사문제를 둘러싼 대립으로 최악의 상태에 빠져 있다. 이미 긴 시간이 지났지만 아직까지 빠져나오지 못하고 있다. 내가 기억하는 한 이 정도로 한일관계가 위기인 적은 없었다. 나는 2014년 말 서울에 갔을 때 일본대사관 근처의 호텔에 묵었다. 그래서 다음 날 아침 대사관 앞까지 가 보았다. 일장기를 내건 대사관은 한국 경찰이 차량으로 삼엄하게 지키고 있었는데, 마치 적지에서 농성하는 요새처럼 보였다. 정문 맞은편에는 몇 번이나 본 적이 있는 위안부 소녀상이 변함없이 그 자리에 있었다. 하지만 그 소녀상 뒷벽에 안중근을 민족의 영웅으로 칭송하는 현수막이 걸려 있었다. 그다음 벽에 쓰시마對馬섬은 한국의 영토라고 주장하는 현수막이 걸려 있는 것을 보고 나도 모르게 놀라고 말았다. 서울의 일본대사관 앞에 부는 냉랭한 바람에 나는 마음이 얼어붙었다.

　한일관계의 위기는 어떻게 생겨난 것인가? 역사문제의 다양한 요소 하나하나가 날카로운 가시가 되어 양국 관계를 갈라놓고 있는 것처럼 보였다. 그 핵심은 위안부 문제라는 것을 모두 인정하고 있지만, 왜 위안부 문제가 그 정도로 큰 문제가 된 것인지, 왜 해결할 수 없는지 답을 찾지 못하고 그 자리에 서 있기만 하는 것 같았다.

말할 것도 없지만, 한국은 일본에게 가장 중요한 이웃 국가다. 한반도와 일본열도는 운명적으로 하나로 묶여 있는 인간의 터전이다. 양국이 인간적인 협력관계를 정말 필요하다고 여긴다면 지금의 위기를 진지하게 다시 살펴보아야만 한다. 위안부 문제로 인해 어떤 긴장과 대립이 발생하였고, 그것이 어떻게 한일관계를 갈라놓고 있는지 살펴보는 것부터 시작하겠다.

### 위안부 문제의 제1라운드

위안부 문제가 한일관계의 주요 현안이 된 것은 이번이 처음은 아니다. 1990년부터 2007년까지 17년간 위안부 문제는 늘 한일 간의 주요 현안문제였다. 1990년 한국에서 위안부 문제가 제기되기 시작하였다. 1991년 위안부 피해자 김학순 할머니의 등장은 충격적이었다. 한국 정부의 요구로 일본 정부는 전후 처음으로 전쟁이 타 국민에게 초래한 피해에 대해 자료조사, 문제연구를 시작했다. 1993년 일본 정부는 위안부 문제의 진실을 고노 관방장관 담화로 발표했다.

위안부 문제에 대한 사죄를 표현하는 방법을 둘러싸고 대립이 발생했다. 한국의 운동단체는 전쟁범죄라는 것을 전제로 하

여 법적 책임 인정, 사죄와 보상, 책임자 처벌을 주장했다. 그러나 일본 정부는 한일조약에서 청구권에 따른 지불은 종결되었기 때문에 국가 보상은 할 수 없다며, 기금을 만들고 국민모금을 실시하여 정부 협력하에 '쓰구나이긴償い金'[8]을 지불한다는 아시아여성기금 방식으로 방향을 정했다. 한국 측은 일본 정부의 성의를 인정할 수 없다고 반발하였고, 아시아여성기금을 받고 싶다고 표명한 소수의 피해자는 비난을 받았다. 문제 해결을 위한 노력이 결실을 맺지 못한 채 기금은 60명의 한국 피해자에게 사업을 실시하고 2007년에 해산했다. 한국 정부에 등록한 피해자의 과반수, 3분의 2에 가까운 사람이 아시아여성기금을 받아들이지 않은 채 활동이 끝났다.

일본 정부가 준비한 위안부 피해자를 위한 조치는 한국 측의 반발을 초래하였고 해결에 이르지 못했다. 한편, 일본 국내에서는 사죄와 해결 노력에 반대하는 목소리가 있었지만, 일부에 그쳤다.

1998년에는 김대중 대통령과 오부치小淵 총리의 한일 공동선언이 발표되었고, 한일 신시대가 시작되었다. 한국에서 일본문화의 수입이 해금되었고, 일본에서는 한류붐이 일어났다. 일본인은 처음으로 한국과 한국인을 발견하였고, 그 매력에 마음을 빼앗긴 것 같았다. 꿈같은 한일 신시대가 온 것처럼 보였다. 그러나 위안부 문제가 미해결로 끝난 점은 한일 신시대라는 '체내'에 잠재되어 있던 '암'이었다. 문제가 재연되는 것은 필연적이었다.

2007년에 아시아여성기금이 해산되자 위안부 문제는 잊힌 것처럼 보였다. 그로부터 상당히 긴 시간이 흘렀다고 생각되지만, 사실 공백은 겨우 4년간이었다.

## 위안부 문제의 제2라운드

2011년 한국에서 다시 문제가 제기되었다. 이때부터 위안부 문제의 제2라운드가 시작되었다.

사건의 발단은 2011년 8월 30일 한국 헌법재판소의 판결이었다. 위안부 피해자 할머니 109명이 낸 소송에서, 피해자들의 배상청구권이 한일조약 때 청구권협정 제2조 1항으로 소멸되었는지 아닌지에 대해서는 양국 정부 사이에 해석상의 분쟁이 있는 것을 인정했다. 즉 청구권에 관한 문제는 "완전하고 최종적으로 해결되었다는 것을 확인한다"는 제2조 문구를 내세워 일본 정부는 할머니들의 주장을 인정하지 않았지만, 한국 정부는 그에 동의하지 않았다. 이렇게 해석을 둘러싸고 양국의 의견이 다를 때에는 협의해야 하고 그래도 합의가 안 될 때에는 제3국이 참가하는 중재를 요구한다는 동 협정 제3조에 따라야 한다. 그러나 한국 정부는 어떠한 조치도 취하지 않았기 때문에 "한국 정부의 부작위는 헌법 위반이다"라는 판결이 난 것이다.

제소 이후 5년의 세월이 흐르는 동안 원고 109명 중 45명이 세상을 떠났다. 남아있는 할머니들이 살아있는 동안 문제를 해결해야 한다는 의식이 한국사회에서 급격히 높아졌다. 일본에서도 위안부 문제가 끝나지 않았다고 생각하는 사람들에게 이 판결은 '하늘의 도움'으로 받아들여졌다.

헌법 위반 판결에 한국 정부는 행동을 취할 수밖에 없는 상황이 되었다. 한국 외교통상부(현 외교부)는 바로 일본 외무성에 협의를 요구하였지만, 일본 측은 응하려고 하지 않았다. 법률 문제로 한일이 싸운다 해도 해결할 수 없다는 것이 일본 외무성의 태도였다. 결국 이명박 대통령은 2011년 12월 교토에서 열린 정상회담 자리에서 강한 어조로 긴 시간을 할애하여 노다野田 총리에게 위안부 문제 해결을 요구했다. 한국 대통령이 처음으로 한 정면 교섭이었다. 노다 총리는 당황한 것 같았다. 노다는 "조약 면에서는 해결된 문제지만 더 노력할 것이 없는지 생각해 보겠다. 지혜를 짜낼 생각"이라고 밝혔다. 이때부터 위안부 문제는 한일 양국 정부의 교섭 문제가 되었다.

이후 일본 정부의 노력이 시작되었다. 2012년 봄 일본에서 고관들이 두 번에 걸쳐 방한하여 한국 정부 측에 해결안을 타진하였지만, 한국 측은 별 반응이 없었다. 이 무렵 재미한국인들이 미국 땅에 위안부 소녀상을 만드는 일에 힘을 쏟은 결과 6월에 뉴욕 나소Nassau공원에 소녀상이 건립되었다. 재미일본인들은 반발했다. 일본 정부로부터 진지한 대응이 없다고 여기고 속을

끓이던 이명박 대통령은 8월 10일 독도를 시찰했다. 이에 일본 정부가 격분하여 '다케시마는 일본의 고유 영토'라는 이유를 내세워 국제사법재판소에 제소할 것임을 표명했다. 중의원은 '다케시마 불법 점거'를 즉시 중지하라고 결의하기에 이르렀다. 한일관계는 한순간에 험악해졌다.

그러나 머지않아 이명박 대통령의 행동이 모두 위안부 문제의 해결을 요구하는 마음에서 나왔다는 사실이 밝혀졌다. 2011년 9월 APEC 정상회의 후 위안부 해결을 위한 교섭이 처음부터 다시 시작되었다. 10월 28일 도쿄의 한 호텔에서 사이토 쓰요시斎藤勁 관방부장관과 이명박 대통령의 특사 이동관 대사가 4개 항목의 해결안에 합의했다. 하지만 노다 총리는 결국 결단을 내리지 못하고 위안부 문제의 해결에 대한 진전이 없는 채로 민주당 정권이 끝났다.

### 위안부 문제의 제3라운드

2012년 말 중의원 선거에서 민주당의 파국적인 패배를 계기로 아베 자민당 정권이 부활했다. 이 제2차 아베 정권하에서 위안부 문제의 제3라운드, 즉 현재의 위기가 시작되었다.

아베 신조가 역사수정주의적 신념을 갖고 있다는 것은 널리 알려져 있다. 그러나 제1차 아베 정권에서는 그 신념을 실행하는 것은 조심할 수밖에 없었다. 그러나 이번에는 자민당 총재 선거전 과정에서 고노 담화, 무라야마 담화를 재검토할 것을 공공연하게 주장하였고, 총리 취임 후에도 그 의사를 재확인했다. 미국, 한국에서도 일찌감치 강한 우려를 표명한 것은 당연했다. 2013년 2월에 취임한 한국의 박근혜 대통령은 위안부 문제를 염두에 두고 아베 총리의 역사인식에 경계심을 나타냈다. 아베 총리는 또다시 후퇴할 수밖에 없는 처지에 놓였다. 문제는 어디까지 물러나는가였다. 아베는 전면 후퇴는 하지 않겠다고 결의했다.

  2013년 봄 국회에서 아베 총리는 야당 의원의 추궁에 대해 우선 전후 70년에는 새로운 담화를 발표하고, 무라야마 담화를 "그대로 계승하는 것은 아니다"라고 답변했다. 고노 담화는 관방장관의 담화이고, 자신은 관여하지 않으며 학자의 검토에 기대한다고 말했다. 이에 대해 국내외의 비판이 높아지자, 5월 7일 스가菅 관방장관과 기시다岸田 외무대신이 "아베 내각은 종래 정부의 사죄와 반성을 계승한다. 고노 담화의 재검토는 하지 않는다"고 설명했다. 하지만 야당 의원과 기자들은 납득하지 못했다. 무라야마 담화의 키워드인 '식민지 지배와 침략'이라는 표현이 계승될지에 대한 확인을 압박했다. 아베 총리는 결국 직접적인 답변은 하지 않고, 5월 15일 무라야마 담화를 "정권 차원에서는 전체적으로 계승한다"고 표명하기에 이르렀다.

7월 재미한국인의 운동 결과 미국의 지방도시 글렌데일 Glendale에 또 하나의 위안부 소녀상이 세워졌다. 아베 총리가 국내외에서의 압력으로 후퇴한 것에 불만을 가진 세력이 가을부터 움직이기 시작했다. 10월 16일『산케이신문産經新聞』은「전 위안부 보고서 날림 조사, 이름을 포함한 증언 애매모호, 고노 담화 근거가 무너지다」라는 기사를 1면 머리기사부터 4면에 걸쳐 실었다. 고노 담화를 발표하기 전에 일본 정부가 한국에서 16명의 위안부에게 구술조사를 시행한 기록을 입수, 분석하여 고노 담화를 공격했다. 16명의 구술조사 기록은 내각부가 비공개 자료로 철저히 보관하고 있었기 때문에 정부 관계자가 의도적으로 자료를 누설한 게 아닐까 하는 의혹이 생겨났다.

이 단계에서 박근혜 대통령은 위안부 문제에서 새로운 조치를 취하지 않는 한 한일 정상회담에 응하지 않겠다는 태도를 확고히 하고 있었다. 반면 아베 총리는 조건 없는 정상회담을 바란다고 주장했다.

대립을 계속하던 중 일본의 주요 출판사가 발간하는 대표적인 주간지가 11월부터 박근혜 대통령을 공격하는 반한국 캠페인을 시작했다.『슈칸신초週刊新潮』가 먼저 11월 28일호에「주요 신문사가 보도하지 않는 한국의 본색-박근혜 대통령의 아버지는 미군 위안부 관리자였다」는 기사를 실었다. 이 기사는 한국인 여성 연구자의 새로운 연구를 참고하면서 한국군은 한국전쟁 당시 '특수위안대'를 조직했고, 주한미군 기지촌에서는 '위안부'라고 불린 여성들이 미군 병사들을 상대로 매춘을 했으며 박정희 정권은 그녀들의 성병검사 등 관리를 시행하였다는 사실을 지적하면서, 자신들의 경우는 문제 삼지 않으면서 일본의 경우만을 비난하는 한국인은 '이중 잣대'를 들이대고 있다고 비난했다. 기사에 적힌 내용은 사실이었고, 그 선에서의 비판은 정당하다. 하지만 그렇다고 해서 일본의 위안부 문제가 사라지는 것은 아니다. 비판하고 있는 『슈칸신초』 측도 이중 잣대를 갖고 있었다. 정론에서 시작한 캠페인은 곧 일방적인 한국 비판, 대통령에 대한 인신공격으로 확대되었다. 5주 연속으로 매호 박근혜 대통령의 얼굴 사진이 게재되었고, 캠페인이 펼쳐졌다. 12월 19일호는 「반일 한국의 상식과 비상식」이라는 제목으로 「가족 중에 범죄자, 박근혜 고독의 밤」을 비롯한 5편을 실었다.

『슈칸분슌週刊文春』도 뒤늦게 이 캠페인에 참가했다. 12월 19일호에 「일본인은 모르는 한국 매스컴이 찌른 박근혜의 급소」라는 제목으로 「숨긴 아이 보도도 튀어나왔다! 40세 연상 목사와의 관계」, 「아버지 박정희의 유산 6억 원을 야당 추궁으로 인정하였다」, 「사기죄로 유죄판결을 받은 여동생은 4년 전에 통일교회에서 합동결혼식」, 「남동생은 약물중독으로 5회 체포」 5편을 실었다. 이들은 아베 총리의 응원단이 될 작정인 듯했지만, 너무 저열해서 눈을 가리고 싶을 정도였다. 위안부 문제의 해결을 주장하며 일본 총리와 정상회담을 거절하고 있는 이웃 국가의 여성 원수에 대한 이러한 비열한 모욕과 증오에 가득 찬 주간지 제목이 매주 도시의 교통기관 광고로 내걸려 국민의식에 파고들었다. 이러한 논조가 독자들에게 일정한 지지를 얻었다고 생각하면 매우 무서운 사태였다.

이러한 반한국·반박근혜 대통령 캠페인이 계속된 후 아베 총리는 12월 26일 야스쿠니靖国 신사를 참배했다. 당연히 한국·중국·미국의 비판이 높아졌다. 한국 정부는 해가 바뀐 2014년 1월 말부터 프랑스 앙굴렘Angouleme에서 열린 국제만화전에 위안부 문제를 다룬 기획전시를 출품했다. 만화는 부정확한 인식, 부당한 과장을 피할 수 없다. 이에 대항하여 일본의 주간지가 제2차 반한국 캠페인을 시작했다.

이번에는 『슈칸분슌』 2월 13일호가 「한국 위안부 만화제의 용서할 수 없는 전 내막」을 실었고, 2월 27일호는 「일한 냉전의 원흉들」이라는 제목으로, 「위안부상을 만든 한국인 부부는 북한 지지자인 과격파였다」, 「스스로 재앙 속에 뛰어든 무라야마 도미이치의 자학방한기」 2편을 실었다.

이러한 캠페인을 배경으로 2월 20일 중의원 예산위원회에서 일본유신회 야마다 히로시山田宏 의원이 고노 담화 재검토를 촉구하는 행동을 시작했다. 이시하라 노부오石原信雄 전 관방부장관을 증인으로 신청하였고, 고노 관방장관 담화를 발표할 때 한국 정부와 사전에 조정했으며, 전 위안부 16명의 증언 근거를 밝히지 않았다는 두 가지 사실을 확인시키고, 이것은 부당하다며 정부에 검증을 요구했다. 이에 대해 스가 관방장관은 2월 26일

한국 측과 담화 내용을 조정했는지에 한정하여 검토하겠다는 방침을 발표했다.

주간지는 기세가 올랐다. 『슈칸분슌』 3월 6일호는 「한국 폭주를 멈추게 하자. 일본의 역습이 시작되었다」를 실었고, 3월 20일호에는 『산케이신문』 아비루 루이阿比留瑠比 기자의 서명이 들어간 원고 「위안부 거짓 보고서 독점 공개」를 실었다. 이에 『슈칸신초』도 가담하여 3월 6일호에 「기가 막혀 말도 안 나오는 한국」이라는 제목으로 「한국 여성가족부가 은폐한 한국인 매춘부 10만 명 수출」 등 8편을 실었고, 3월 13일호에는 「법을 무시한 이웃 '한국'에 대한 답례」라는 제목으로 「박근혜 대통령의 태도 완화 조건은 아베 총리의 사죄」 등 8편을 실었다.

## 아베 총리, 고노 담화 계승을 공언하다

스가 관방장관의 발표로 마침내 고노 담화 재검토가 시작되는지를 둘러싸고 긴장이 높아졌다. 미국 오바마 대통령은 3월 24일부터 열리는 헤이그 핵안보정상회의에서 한·미·일 정상회담이 이루어지기를 강하게 바라고 있었다. 이를 위해서는 아베 총리가 고노 담화의 계승을 분명히 하는 것이 필요했다. 미국의 압력이 어떻게 작용했는지는 모르지만, 3월 14일 아베 총리는 참의원 예산위원회에서 결국 고노 담화에 대해서도 "이 담화는 관방장관의 담화지만 스가 관방장관이 기자회견에서 언급한 대로 아베 내각에서 재검토하는 것은 생각하고 있지 않다"는 언급을 하기에 이르렀다. 이에 따라 정부의 검증은 고노 담화의 계승을 전제로, 일부 논점을 검증하는 것으로 확정되었다.

실망한 『슈칸신초』는 3월 27일호에 「마지못한 한일 정상회담, 가시밭길 무대 뒤편 박근혜 어디까지 가는가」라는 제목으로 「지지율 63%, 박근혜 대통령이 초초해하는 일본의 초등학교 교과서」 등 5편을 실었다. 『슈칸분슌』은 네덜란드에서의 한·미·일 정상회담 후에는 4월 10일호에 「한일 네덜란드 냉전 전 내막」을 싣고, 「내년 8월 전후 70년 아베 담화에서 고노 담화를 부술 것」이라고 권토중래를 기대하는 모습을 보였다.

고노 담화 작성 과정의 검증은 외무성을 주축으로 하여 한일 간의 외교 자료를 모아 지식인 5명의 검토팀이 보고서를 정리하는 형태가 되었다. 검토팀에 아시아여성기금의 부이사장을 맡았던 아리마 마키코有馬真喜子를 포함시킴으로써 검증의 방향성을 보여주었다. 『산케이신문』은 5월 20일호에서 다시 정부 관계자가 슬쩍 흘린 것을 받아 「고노 담화 구술조사 대상자 판명/이름이 드러난 허위 증언자」라고 보도, 검증사업에 압력을 가했다. 지식인 검토팀에 알려지지 않은 정보가 『산케이신문』을 통해 흘러나오는 이상한 사태가 명백히 드러났다. 하지만 검토팀은 동요하지 않고 작업을 계속하였고, 보고서 「위안부 문제를 둘러싼 한일 간 교섭의 경위」를 6월 20일에 발표했다. 그 내용과 결론은 큰 줄거리에서 타당했다. 즉 고노 담화를 작성하는 과정에서 일본 정부가 한국 측과 교섭하는 데 있어서 어떠한 문제도 없었다는 결론을 도출했다. 고노 담화에 대한 공격은 최종적으로 받아들여지지 않았다.

게다가 보고서는 전체 분량의 3분의 1 정도를 할애하여 아시아여성기금을 언급하고 있다. 이에 따르면, 고노 담화와 그에 기초한 아시아여성기금 사업은 일본 국가가 여성들에게 가한 손해와 고통에 대한 일본 정부의 사죄와 '쓰구나이償い'의 실천이었고, 평가가 어떻든 간에 이미 지울 수 없는 일본 역사의 일부가 되었다는 점이 나타나 있다.

이러한 검증보고서의 내용은 고노 담화를 공격해 온 세력의 기도를 깨부수는 것이 되었다. 고노 담화 부정의 중심 논객인 사쿠라이 요시코櫻井よしこ는 7월 17일에 『요미우리신문読売新聞』과 『마이니치신문毎日新聞』에 국가기본문제연구소 이사장의 자격으로 의견광고를 실어 "검증은 불충분하다"며, "국익과 명예를 회복하기 위해 정부와 국회는 외무성의 자기변호를 허용하지 않고 검증을 계속해야 한다. 담화 작성에 책임을 진 고노와 외무성 관계자의 국회 설명이 꼭 필요하다"고 주장했다. 이는 명백한 패배 선언처럼 보였다.

## 『아사히신문』 소동의 폭풍

그런데 일본 정부의 검증보고서 발표가 있은 지 1개월 반 뒤인 8월 5일 『아사히신문』은 정부의 검증보고서 발표 후에도 '위안부 문제는 『아사히신문』의 날조다'라는 목소리가 있기 때문에 스스로 위안부 보도의 검증결과를 발표한다며 이틀 연속 4면을 차지하는 기사를 게재했다. 중심 논점은 여자정신대로 동원된 여성들이 위안부가 되었다는 것과 요시다 세이지吉田淸治의 이야기를 중요한 증언으로 보도한 기사에 대한 평가와 취소다. 전자는 연구가 진행되지 않아 정확하지 않은 자료를 '오용'한 것이라고 언급하였고, 후자는 허위임을 알아차리지 못하고 보도하였지만 허위라고 판단하였기 때문에 기사를 취소한다고 언급했다.

이 기사가 발표되자 정부의 검증보고서 발표로 의기소침해 있던 사람들이 한꺼번에 『아사히신문』을 공격하기 시작했다. 당초 또 하나의 요시다 문제인 도쿄전력 후쿠시마 제1원전 소장 요시다 마사오吉田昌郎 조서에 대한 오보와 겹쳐서 발표했는데, 신중하지 못했고, 타이밍에도 문제가 있었다. 더욱이 사장의 기사 취소에 대한 사죄가 없었던 데다가, 이를 비판한 사외 원고인 이케가미 아키라池上彰의 칼럼 게재를 중단시키는 두 가지 실수가 겹쳐 치명적이었다. 비판 세력은 매우 흥분하여 『아사히신문』을 집요하게 공격했다.

다음 날인 8월 6일 조간에서는 『요미우리신문』과 『산케이신문』이 4면을 할애하여 『아사히신문』을 비판하고 책임을 추궁하는 기사를 게재했다. 이번에는 주요 신문이 선두에 서고 주간지가 그 뒤를 이었다. 주간지의 표제는 한층 더 어마어마한 것이었다. 『슈칸신초』는 「전 국민을 부끄럽게 만든 아사히신문 7개의 대죄」(8월 28일호), 「1억 국민이 보도피해자가 된 종군위안부 대오보」(9월 4일호), 「교만한 아사히는 오래 가지 못한다」(9월 11일호, 18일호), 『슈칸분슌』은 「아사히신문은 부끄러움을 알아야 한다! '위안부 오보' 기무라 다다카즈木村伊量 사장이 사죄를 거부한 밤」(8월 28일호), 「아사히신문 '매국 DNA'」(9월 4일호), 「아사히신문의 단말마」(9월 11일호), 「아사히신문이 죽은 날」(9월 18일호)이라는 식이었다.

『슈칸신초』는 아베 총리의 친구이자 NHK 경영위원인 하쿠타 나오키百田尙樹의 기고를 실었다(9월 11일호). 그의 주장은, 요시다 증언은 한국 정부의 보고서, 쿠마라스와미 보고서에도 채용되었으며, "『아사히신문』이 요시다의 거짓말을 계속 보도하여 세계에 심각한 영향을 준 것은 의심할 수 없는 사실이다"는 것이었다. 『아사히신문』이 요시다 증언을 크게 보도한 결과 위안부 문제는 '문제화·세계화'되었고, 『아사히신문』이 "나와 일본인을 깎아 내렸다"는 것이다. 같은 호에 기고한 사쿠라이 요시코는 "설사 몇 년이 걸려도 고노 담화를 무너뜨려야 한다. 당연히 여러 악의 근원인 고노 담화를 지지해 온 『아사히신문』도 용서할 수 없다"고 단단히 별렀다.

위안부 문제는『아사히신문』의 보도 때문에 크게 문제화되었고 일본의 명예에 상처를 입혔다.『아사히신문』이 오보를 인정한 이상 고노 담화도 철회하라는 것이 캠페인의 핵심적인 주장이었다.

주요 신문은 지면에서 비판하는 데 그치지 않았다.『요미우리신문』은 9월 말에 주코신쇼 라크레中公新書ラクレ에서『철저 검증 아사히 '위안부' 보도』를 발간하고, 이를 자기 신문의 판매 확대에 이용했다. 게다가 11월에는 주코 무크中公ムック로『위안부 문제 세계의 눈 일본의 목소리』를 냈다. 산케이신문사는 10월에『역사전쟁-아사히신문이 세계에 유포한 '위안부'의 거짓말을 고발한다』를 냈다.

월간지의 선봉은 하나다 가즈요시花田紀凱 편집장의『Will』10월 긴급 특대호 대특집인「아사히신문의 '종군위안부'는 사상 최악의 대오보였다!」이다. 여기에는 사쿠라이 요시코, 니시오카 쓰토무西岡力, 아비루 루이 3명의 대담「국적國賊 아사히신문은 폐간되어야 한다」가 게재되었다.『분게이슌주』10월호는 시오노 나나미塩野七生의「아사히신문의 고백을 넘어서」를 실었다. 10월 3일에는『분게이슌주』·『슈칸분슌』임시 증간호「아사히신문은 일본에 필요한가」가 나왔다.『세이론正論』11월호는「총력 비판 타락하고도 또 반일, 아사히신문」이라는 제목을 붙여 니시오카 쓰토무의「변명은 용납하지 않는다. 위안부 보도의 국가 굴욕 책임」, 니시무라 신고西村真悟와 다모가미 도시오田母神俊雄의 대담 「아사히신문 해체신서」 등을 게재했다.

그러자 집권당 내부에 있던 고노 담화 반대파도 정부가 실시한 검증보고서의 내용은 외면한 채 "『아사히신문』의 오보가 고노 담화에 영향을 미치고 있다면, 고노 담화 역시 재검토되어야 한다"(하기우다荻生田 총재특별보좌관)고 발언하기 시작했다. 다카이치 사나에高市早苗 회장의 자민당정조회는 『아사히신문』의 보도 '잘못'을 인용하면서 위안부 문제에 대한 새로운 담화를 정부에 요청한다고 8월 21일에 결정했다(『요미우리신문』 8월 22일). 하지만 아베 정부는 더 이상 고노 담화를 검증하지 않는다는 방침이었다.

이에 자민당은 우회작전을 취하여 10월에 당 차원에서 '일본의 명예와 신뢰를 회복하기 위한 특별위원회'를 구성하기로 했다. 위원장은 나카소네 히로후미中曽根弘文 전 외상이었다. 이번에는 『아사히신문』의 오보 때문에 국제사회가 잘못 이끌렸고 국제연합에서 쿠마라스와미 보고와 같은 것이 나왔다. 이를 수정하자는 움직임이 나타났고, 스가 관방장관이 그것을 거론하기에 이르렀다.

이를 실행하는 것은 어려울 것이다. 나라 밖에 나가서 '위안부 문제로 일본의 명예와 신뢰에 상처를 입었다. 인식을 바꿔 달라'고 말해도 귀를 기울여주는 사람은 적기 때문이다. 하지만 일본 국내에서는 『아사히신문』이 매우 큰 잘못을 저지른 것 같다. 위안부 문제에 관해 『아사히신문』이 말하는 것을 신뢰할 수 없다. 이러한 막연한 인식이 일본 내에 확산되었다는 것은 확실하다.

아사히 문제는 2014년 말에 또 한 번 주의를 끌었다. 12월 22일에 아사히신문사가 만든 제3자 위원회 검증보고서가 나온 것이다. 7명의 위원 중 오카모토 유키오岡本行夫, 기타오카 신이치北岡伸一는 "한국에서 … 과격한 말들을, 『아사히신문』과 그 외 일본 미디어가 뒷받침했다. 그중에서 지도적인 위치에 있었던 것이 『아사히신문』이다. 그것은 한국에서 위안부 문제 비판에 탄력을 주어 더욱 과열화시켰다"는 부정적 의견이었다. 하타노 스미오波多野澄雄는 중도적인 입장에서 타당한 검증을 했지만 『아사히신문』의 보도가 위안부 문제의 해명, 해결에 적극적으로 공헌하였던 점은 언급하지 않은 채, 위안부 모집 과정의 강제성에 치우친 보도 때문에 고노 담화 이후에는 '넓은 의미의 강제성' 주장으로 바뀐 것을 "논점을 바꿔치기했다고 지적해도 어쩔 수 없다"고 비판한 것은 정당하지 않다고 생각한다.

제3자 위원회 보고서 발표를 거쳐 『아사히신문』은 연말 3일 동안(28~30일) 위안부 문제에 대해 3명의 논객(오누마 야스아키大沼保昭, 정재정, 구마가이 나오코熊谷奈緖子)의 적극적인 주장을 게재하였지만, 일본사회에서 공론의 축이 현저하게 보수화된 것을 수정할 수는 없었다.

2015년에 들어서자 2014년의 위안부 문제를 둘러싼 소동은 마치 없었던 것처럼 조용해졌다. 위기는 바닥을 친 것처럼 보였다. 하지만 위안부 문제는 『아사히신문』 소동의 끝에 그대로 얼어버린 느낌이 들었다.

## 위안부 문제의 행방

위안부 문제의 제1라운드(1991~2007)에서는 한국 정부와 사회가 문제를 제기한 것에 대해 일본 정부가 사죄(고노 담화)를 하였고, 그 사죄를 이행하는 조치(아시아여성기금)를 취하려고 하였지만, 위안부 피해자와 한국의 운동단체가 거부하여 한국에서 인정하는 피해자의 30% 정도에게만 실시했다. 2009년 한일 신시대가 왔지만 위안부 문제는 해결되지 못했다.

제2라운드(2011~2013)에서는 한국 헌법재판소의 판결로 한국 정부가 위안부 문제 해결을 일본 측에 강하게 요구했다. 일본의 민주당 정권은 '지혜를 짜내어' 수차례에 걸쳐 해결안을 낸 끝에 교섭자가 한국 대통령의 대리인과 합의안을 도출하였지만 노다 총리가 이를 받아들이지 않아 해결되지 못했다.

제3라운드(2013~현재)에서는 일본에서 위안부 문제에 대한 사죄를 수정할 것을 내세운 아베 총리의 제2차 정권이 등장하고, 한국에서는 처음으로 여성 대통령이 당선되어 위안부 문제에 대한 해결을 더욱 강하게 일본에 요구하며 대립했다. 미국 정부의 개입도 있어서 아베 총리는 사죄의 수정을 단념하였지만 사죄를 표명하는 조치의 추가 실시에 대해서는 전혀 반응하지 않았다.

정상회담이 열리지 않는 상황이 계속되자 일본에서는 반한국·반박근혜 대통령 캠페인이 벌어져 고노 담화 공격과 『아사히신문』 위안부 보도를 공격하는 거센 움직임이 계속되었고, 국민들 사이에 반한 감정이 고조되었다.

이러한 흐름에서 보면, 아베 총리의 역행은 지금까지 일본 정부의 노력을 헛되게 만드는 상황을 만들었다고 할 수 있다. 오늘날의 한일관계 위기는 구조적인 위기가 아니라 정치적인 위기다. 현명한 판단과 적절한 노력을 한다면 위안부 문제의 해결을 진전시킬 수 있고, 한일관계는 혹한의 겨울을 벗어날 수 있을 것이다. 나는 이 책에서 위안부 문제를 다시 근본부터 검증하고자 한다.

제2장

# 위안부 문제는 어떤 문제인가

## 위안부는 누구인가

위안부 문제는 어떤 문제인가, 위안부는 누구인가. 그 점을 생각하는 것부터 시작해 보자. 현재 일본에서 대활약하고 있는 논객들은 어떻게 이해하고 주장하고 있을까?

『요미우리신문』이 『아사히신문』을 비판하기 위해 발간한 2권의 책을 보면 위안부가 누구인지 어디에도 적혀 있지 않다. 『산케이신문』이 「역사전쟁: 아사히신문이 세계에 퍼뜨린 위안부의 거짓말을 고발한다」에서는 어떨까? 역시 위안부가 누구인지 한마디의 설명도 없다. 분명히 이들 신문은 위안부 문제를 중요한 문제로 보도하였고 특정 위안부상像을 공격하고 있음에도 자신들이 위안부를 어떻게 보고 있는지는 입에 담기 싫어하는 것 같다. 그렇다면 좀 더 주장이 분명한 개인 의견을 들어보자.

먼저 『아사히신문』 비판을 처음 시작한, 도쿄기독교대학 국제그리스도교학과 니시오카 쓰토무 교수를 들 수 있다. 니시오카는 처음부터 분명하게 의견을 말하고 있다. 자신의 책인 『아사히신문 '일본인에 대한 큰 죄'』[9]의 서두에서 다음과 같이 주장했다.

> 한마디로 말하자면 '위안부는 존재하였지만 무언가 해결해야만 하는 과제가 남아있다는 의미의 위안부 문제는 존재하지 않았다'는 것이다. 위안부는 전쟁 시대에 존재하였던 역사적 사실이다. 그녀들이 여성으로서 존엄과 명예가 훼손된 것은 틀림없는 사실이다. … 하지만 한일 양국 사이의 외교 과제로 그 문제가 존재하는 일은 없었다. 왜냐하면 그녀들이 위안부가 된 것은 권력에 의한 강제가 아니라 당시 일본과 조선에 엄연히 존재했던 절대적 빈곤의 결과였기 때문이다. 가난 때문에 여성들이 요시와라吉原와 같은 공창가에서 일하거나 위안소에서 일하는 비극이 없어진 것은 일본과 한국에서 전후의 고도 경제성장에 의해 절대적 빈곤이 어느 정도 해결된 후의 일이다.

분명히 말한다면서도, 이것은 멀리 에두른 말투다. 하지만 위안부는 가난 때문에 몸을 판 공창이라고 언급한 것은 틀림없는 것 같다.

또 한 명을 예로 들겠다. 전 『산케이신문』 정치부 기자 야마기와 스미오山際澄夫는 『모든 것은 아사히신문에서 시작한 위안부 문제』[10]에서 다음과 같이 주장하고 있다. 단순명쾌한 의견이다.

'위안부'는 공창제도가 있었던 시기의 전쟁터 매춘부다. 즉 당시는 합법적인 일로, 이제와서 새삼스럽게 문제될 이야기가 아니다.

마지막으로 이 파를 대표하는 인물의 가장 권위 있는 설명을 들겠다. 좀 오래된 이야기에 속하지만, 2007년 6월 14일에 『워싱턴 포스트The Washington Post』에 실린 사쿠라이 요시코 등의 역사사실위원회의 의견광고 'The Facts(이것이 사실이다)'에서 볼 수 있는 표현이다. 여기에는 다음과 같이 기술되어 있다.

[사실 1] 여성들이 스스로의 의지에 반해 일본 육군에게 매춘을 강요당하였던 것을 적극적으로 보여주는 역사적 문서는 지금까지 역사가나 조사기관에 의해 하나도 발견되지 않았다.

[사실 5] 일본 육군에 배치된 위안부는 일반에게 알려진 것 같은 성노예가 아니었다. 그녀들은 당시 전 세계 어디에나 있었던 공창제도(the licensed prostitution) 아래에서 일하고 있었던 것이다. 사실 여성들의 대부분은 … 대좌·중좌·소좌[11] 정도가 아니라 소장少將이 받는 것보다도 훨씬 많은 금액의 수입을 얻었고, 그녀들의 대우는 좋았다는 사실을 증명하는 많은 증언이 있다.

한마디로 말하자면, 사쿠라이 요시코 등도 위안부는 '매춘부prostitutes'라는 것이다. 게다가 자신들의 의지에 반해 강요당한 사람들이 아니라(그렇다는 문서 증거가 없기 때문에), 고수입의 우대를 받은 매춘부였다고 본다. 사쿠라이가 이 판단에 얼마나 자신이 있는지는, 이를 미국 신문에 광고로 내면서 영어로 설명한 점에 나타나 있다.

위안부가 매춘부라는 정의는 아무리 직간접으로 선전해도 하나의 의견일 뿐이다. 개인이든 단체든 신문사·출판사든 개별 의견이다.

## 일본 정부와
## 아시아여성기금의 정의

이러한 정의의 반대쪽에 있는 것이 일본 정부가 인정한 위안부의 공적인 정의다. 1993년 고노 관방장관 담화에 기초하여 1995년 7월에 정부가 설치한 아시아여성기금의 정의가 그것이다. 이는 같은 해 10월에 나온 제1호 소책자 『종군위안부가 된 분들에 대한 보상을 위해』의 서두에 적혀 있다.[12]

'종군위안부'는 옛날 전쟁 시대에 일본군위안소에서 장병에게 성적인 봉사를 강요당한 여성들을 말한다.

즉 위안부는 전쟁을 하고 있던 일본군의 위안소에서 장병에게 성적인 봉사를 강요당한 여성으로, 그것은 당사자의 의지에 반하고, 견딜 수 없는 고통으로 인간으로서의 존엄이 짓밟힌 강제된 일이었다고 보고 있다. 과거에 매춘부였는지, 그러한 경험이 없는 처녀였는지에 관계없이 일본군위안소의 체험은 강요된 것, 견딜 수 없는 고통이었다고 느낀 사람들인 것이다. 위안부는 피해·수난을 강제당한 사람들, 즉 강제피해자, 강제수난자라고 말할 수 있다.

이 인식에 기초하여 아시아여성기금은 위안부였던 사람들의 호소를 받아들여 그들에게 일본국 총리의 사죄를 전하고, 정부와 국민이 협력하는 쓰구나이(속죄) 사업을 실시했다. 사죄와 보상의 의미를 담아 필리핀 211명, 네덜란드 79명, 한국 60명, 타이완 13명의 위안부 피해자에게 총리의 사죄편지를 전달하고 쓰구나이긴 200만 엔을 건네고(네덜란드 제외), 의료복지 지원으로 필리핀 피해자에게는 120만 엔에 상당하는 서비스와 원조를 제공하였고, 그 외 3국의 피해자에게는 300만 엔을 건넸다. 이 모든 활동의 전제·기초가 위안부에 대한 이 정의였다.

활동을 진행하는 과정에서 당초의 정의를 수정했다. 수정된 정의는 2007년 해산 때 설치된 디지털기념관 '위안부 문제와 아시아여성기금' 제1실의 서두에 3개 국어로 실려 있다.

いわゆる「従軍慰安婦」とは、かつての戦争の時代に、一定期間日本軍の慰安所等に集められ、将兵に性的な奉仕を強いられた女性たちのことです。

The so-called 'wartime comfort women' were those who were taken to former Japanese military installations, such as comfort stations, for a certain period during wartime in the past and forced to provide sexual services to officers and soldiers.

이른바 '종군위안부'란 태평양전쟁 시절에 일정 기간 일본군의 위안소 등에 모집되어 장병에게 성적인 봉사를 강요당하였던 여성들을 말합니다.

 수정된 내용은 '일정 기간'이라는 단어를 보충하고 '위안소 등'이라고 한 부분이다. 수정을 한 이유는, 정규 군위안소가 없는 곳에서 일본군 부대가 주변의 여성 주민을 폭력적으로 납치하여 부대 근처의 건물에 일정 기간 감금하고 성적 봉사를 강요하였던(순전히 연속적으로 자행된 강간이 그 내용이다) 경우를 준위안소로 하여 기금의 사업 대상에 포함시키기 위해서였다. 필리핀에서 기금 사업 대상자가 된 사람 전원이 이러한 피해자였다.
 이러한 공적인 위안부 인식이 국제적으로 존재하는 가운데 위안부는 매춘부라는 부정파의 문제 제기가 존재하는 것이 현재 일본 국내에서 위안부 문제의 정치역학이다. 다시 말하지만, 매춘부설은 단순한 주장·의견에 지나지 않지만, '강제수난자'설은 363명의 세계 피해자를 대상으로 일본 정부와 아시아여성기금이 실시한 12년 동안의 사업에 의해 뒷받침되는 공적 인식이다.

이 공적 인식은 위안부 문제 연구자들 대부분이 거의 공통으로 가지고 있는 인식이다. 위안부문제의 대표적 연구자인 요시미 요시아키吉見義明는 『종군위안부』[13]의 서두에 '종군위안부란 일본군의 관리하에 놓여 무권리 상태인 채 일정 기간 구속되어 장병의 성교 상대가 된 여성들'이라고 쓰고 있다.

요시미의 뒤를 이어 위안부 문제를 다룬 하타 이쿠히코秦郁彦의 『위안부와 전장의 성』[14]에는 위안부의 정의가 보이지 않는다. '위안부의 정의'로 각종 사전에 나온 정의를 일람표로 나타내고 있지만, 스스로 설명하는 것은 회피하고 있다.

『아사히신문』 2014년 연말 지면에서 위안부 문제에 대해 의견을 표명한 3명의 논객 중 첫 번째로 등장한, 아시아여성기금의 이사였던 오누마 야스아키는 대표작 『위안부 문제는 무엇이었는가』[15]의 서두에서 "위안부는 1930년대 초기부터 1945년까지 중국과 미국 등 연합국과 싸운 일본군 장병의 성적 욕망을 채우기 위해 마련한 위안소에서 매일 성교를 강요당한 여성을 가리키는 말이었다"고 기술하고 있다. 또한 세 번째로 등장한 신진 연구자 구마가이 나오코熊谷奈緒子는 그의 저서 『위안부 문제』[16]의 서두에 "종군위안부는 제2차 대전 전과 전쟁 중에 일본군 병사에 의해 성적 서비스를 강요당하였다는 여성들이다"라고 쓰고 있다. 정의를 내리고 있는 연구자들 대부분은 아시아여성기금의 정의를 받아들이고 있다고 할 수 있다. 공적인 인식은 대다수 사람들의 긴 노력에 의해 만들어진다.

## 이야기할 수도 없었던 위안부 문제

전쟁에 나간 일본 장병이라면 누구나 '위안소', '위안부'라는 단어와 그 실태를 알고 있었다. 하지만 고국에 돌아온 후 그들은 일상생활에서 그 단어를 떠올리거나 입에 올리는 것을 꺼렸다.

한편, 위안부였던 일본인 여성들은 온통 상처투성이가 된 몸으로 일본에 귀환하였고, 살기 위해 미군 병사들에게 몸을 파는 처지가 된 사람도 있었다. 그들은 전후 일본의 저변에서 조용히 고통스러운 생활을 보내고 있었다. 자신의 체험을 이야기하는 사람은 없었다.

전후 일본에는 일본과 조선의 관계에 눈을 돌려, 조선을 식민지 지배한 것에 대한 일본의 사죄가 필요하다고 생각하는 사람이 조금씩 생겨났다. 그런 사람들은 조선 식민지 지배의 가장 끔찍한 결과로 위안부가 존재했다는 것을 알게 되었다. 그것은 1965년 한일조약이 맺어질 즈음의 일이다. 하지만 일본 정부와 사회는 조선 식민지 지배에 대해 죄송하다고 사죄할 마음이 없었고, 위안부 문제 또한 해결이 필요한 현실 문제가 될 수는 없었다.

한국에서는 심리적인 면에서 더욱 복잡했다. 강제로 일본군'위안부'가 되었던 여성들은 고국에 돌아와 누구에게도 호소할 수 없었다. 게다가 한국전쟁이 시작되자 한국 국군의 일부 간부는 일본군 시대의 기억을 되살려 병사들을 위한 특수위안대를 조직했다. 전쟁이 끝나고 한국에 세워진 미군기지 주변에서 미군 병사에게 몸을 파는 여성들을 '위안부'라고 부르게 되었다. 한편, 일본의 전쟁 말기에 미혼여성이 군수공장 등의 노동에 동원되는 여자정신대로 모집되어 가면 일본 병사의 성 먹잇감이 된다고 두려워하였던 일을 기억하는 사람들이 있었다. 자신은 결혼을 서둘러 정신대행을 면했지만, 정신대로 간 같은 세대의 처녀들은 위안부가 된 것은 아닐까 하는 미안함과 두려움 때문에 떠올리고 싶지 않은 기억이 '정신대 전설'로 사람들의 마음 깊은 곳에 자리잡고 있었다. 남자들에게도 억울하고 화가 치미는 이야기였다. 떠올리고 싶지 않은 마음은 같았다.

이런 이유를 위안부가 일본과 한국에서 소설과 영화로 조금씩 언급되는 일은 있어도 이에 대한 분명한 인식이 존재하지는 않았다. 위안부를 연구하는 제대로 된 학자도 없었고, 제대로 된 책도 없었다. 그러나 전후 30년 즈음인 1970년대 중반이 되자, 일본에서는 2명의 인물이 위안부 관련 책을 냈다. 신문기자였던 센다 가코千田夏光의 책 『종군위안부-"목소리 없는 여자" 8만 명의 고발』[17]과 재일조선인 저널리스트 김일면金一勉의 책 『천황의 군대와 조선인 위안부』[18]다. 센다는 일본과 한국에서 여러 사람의 이야기를 많이 듣고 썼기 때문에 한국에서 떠도는 정신대 전설의 영향을 받았다. 김일면의 책은 분노에 찬 상태에서 썼다. 위안부 문제의 본질을 '조선 민족의 말살 음모'로 파악하고, 위안부 동원에서는 '인간사냥'과 같은 수법이 동원되었다고 쓰고 있다. 다분히 문학적인 책이다.

한국에서는 일본에서 출간된 이 책들을 주목했다. 센다의 책은 다음 해에 번역 출판되었고, 김일면의 책은 당시 한국에서 나온 유일한 논문 「다큐멘터리 여자정신대」(『월간중앙』 1973년 11월호)를 쓴 임종국이 모두 번역하여 자신의 편저 『정신대실록』(일월서각, 1981)으로 출판했다. 그 유명한 『친일문학론』의 저자가 왜 번역한 것을 자신의 편저로 바꿔 출판하였는지는 잘 모르겠다.

그러나 당시 상황을 고려하면 무리는 아닐지 모른다. 1970~1980년대는 한국의 민주화운동에서 고난의 시대였기 때문에 한국 사람의 모든 힘은 군사독재정권과 싸우는 데 집중되어 있었다. 한편, 일본인은 한국인의 민주주의에 대한 열정과 불굴의 투지에 탄복했다. 그리고 한국인이 일본의 식민지 지배를 받은 일에 대해 품고 있는 슬픔과 분노를 이해하기 시작했다.

　1987년 한국 민주혁명이 승리했다. 한국 국민은 피의 댓가로 1960년 4월 학생혁명에 이어 두 번째 민주혁명을 실현하고 민주주의를 우뚝 세웠다. 이제 한국의 상황은 변했다.

### 한국에서 위안부 문제의 폭발

　　　　　　　　　　민주혁명에 참가한 한국 여성들 사이에서 위안부 문제가 폭발했다. 1983년에 일본에서 나온 요시다 세이지의 『나의 전쟁범죄-조선인 강제연행』[19]이 1989년에 한국어로 번역되어 간행되었다. 요시다가 1943년에 제주도에서 인간사냥과 같은 방식으로 여성 200명을 납치, 연행하여 하이난섬海南島에 위안부로 보냈다고 자신의 죄를 고백한 책이다. 한국어판의 책머리 제목 아래에 요시다가 한국의 '망향의 동산(천안 소재)'에 세운 강제동원 노동자에 대한 사죄비 사진이 실려 있고 비문이 소개되어 있다. 요시다의 책은 양심을 되찾은 일본 관리의 참회, 내부고발로 받아들여졌다.

　이 책은 위안부 문제에 몰두하고 있던 이화여자대학교 윤정옥 교수에게 강한 인상을 주었다. 그녀는 여자정신대로 끌려가는 것을 면한 자신의 경험으로부터 '정신대 전설'을 강하게 믿고 있었지만 증거가 없었다. 그러다가 요시다 세이지의 책을 읽었고, 실제 당사자의 고백으로 확실한 강제연행의 증거가 되는 증언이라고 생각했던 것이다.

윤정옥은 1990년 1월 4일부터 『한겨레신문』에 「'정신대' 원혼 서린 발자취 취재기」를 4차례 연재했다. 그녀는 스스로 체험한 정신대 모집의 공포부터 쓰기 시작하여 '정신대라는 이름의 위안부'가 망각되고 있는 것은 남성 중심의 한국사회에서 여성이 소외되고 있고, 일본이 자료를 폐기했기 때문이라고 주장했다. 후자와 관련해서는 "요시다 세이지를 제외하고는 정신대 연행에 관계하였던 관리가 입을 열지 않는다"고 지적했다.

윤정옥의 연재는 일본·오키나와·동남아시아에서 취재한 내용에다 정신대 전설, 인간사냥과 같이 위안부를 징발했다는 요시다 증언을 결합한 것이어서 읽는 사람의 감정을 강하게 자극했다. 이는 한국사회에서 센세이션을 불러일으켜 '정신대 문제=위안부 문제'가 갑자기 사회의 주목을 받게 되었다.

같은 해 6월 6일, 위안부 문제에 대해 일본 노동성 국장이 "민간업자가 군과 함께 데리고 다녔다", "조사는 하기 어렵다"고 국회에서 답변하여 한국을 격분시켰다. 10월 17일 한국의 8개 여성단체가 위안부 문제로 가이후 도시키海部俊樹 총리와 노태우 대통령에게 공개서한을 보냈다. 이른 시기에 6개 항목의 요구가 제출되었다. 제1항은 "일본 정부는 조선인 여성을 종군위안부로 강제연행한 사실을 인정할 것"이었다. 그 근거로 요시다 세이지가 쓴 2권의 책을 주석으로 표기했다.

답변을 기다리는 사이에 8개 단체는 11월 16일 한국정신대문제대책협의회(약칭 정대협)을 결성했다. 이 명칭에서도 '정신대 전설'이 얼마나 강한지를 알 수 있다. 운동하는 여성들의 의욕은 굉장했지만 위안부 문제 인식은 아직 빈약하였고, 강제연행하여 위안부로 만들었다는 사실만이 부각되었다.

### 위안부 피해자의 등장

하지만 1991년에는 상황이 극적으로 바뀌었다. 정대협 설립이 보도되자 정신대에 동원되었던 여성과 위안부였던 여성들이 잇달아 연락을 취해 왔다. 그 제1호가 김학순 할머니였다. 그녀는 1991년 8월 14일 정대협 사무실에서 기자회견을 했다. 위안부가 되어 위안소에서 일본군 장병에게 성적인 봉사를 강요당한 여성이 사람들 앞에 나와 견디기 힘든 고통을 받았다고 설명했다. 그리고 "우리나라 정부가 하루라도 빨리 정신대 문제를 밝혀서 일본 정부의 공식 사과와 반성을 받아야 한다"고 말한 것은 한일 양 정부와 국민을 충격으로 몰아넣었다. 이것이 정대협의 운동을 극적으로 바꾸었다. 무엇보다도 위안부 문제의 진실을 단번에 밝히게 된 것이다.

지식인 여성의 운동이었던 정대협은 이때 처음으로 피해자와 대면하고 그녀들을 상대로 구술조사를 시작했다. 1명당 평균

5~6회 이상 구술조사를 진행하고 검증된 19명의 증언을 정리하여, 1993년 2월에 『강제로 끌려간 조선인 군위안부들』 제1집을 간행했다.[20] 19명 중 취직사기로 끌려간 사람이 13명, 폭력·납치로 끌려간 사람이 4명, 인신매매가 1명이었다. 나머지 1명은 정신대에 동원된 이후 공장을 탈출하여 군인에게 붙잡혀 위안소로 끌려간 사람이었다. 연행되었을 때의 연령은 11세 1명, 14세 1명, 15세 2명, 16세 5명, 17세 4명, 18세 2명, 19세 2명, 21세 1명, 22세 1명이었다.

하지만 그녀들이 이야기한 것은 어떻게 끌려갔느냐보다 끌려간 곳인 위안소에서의 괴로운 생활이었다. 하루에 상대한 군인 수는 적은 날이 10명 정도, 많은 날은 50명 이상, 셀 수 없을 정도로 많은 날도 있었다고 말했다. 김학순 할머니 증언의 마지막 말이 무엇보다 강한 인상을 주었다.

저의 순결을 빼앗고 저를 이렇게 만든 놈들을 갈기갈기 찢어버리고 싶은 마음도 있습니다. 그렇게 하더라도 어떻게 저의 분한 심정을 풀 수 있겠습니까? 지금은 더 이상 제 기억을 밝히고 싶지도 않습니다.

위안부가 된 피해자가 한 말이야말로 위안부가 누구인지를 밝히고 있다.

1993년 8월 일본 정부의 위안부 조사 최종 보고와 고노 관방장관 담화는 많은 문서 자료를 수집하고 국내외 연구를 참고하여 정리한 것이지만, 위안소 생활에 대해서는 위안부의 증언을 근거로 하고 있다. 하나는 정대협이 출판한 『강제로 끌려간 조선인 군위안부들』 제1집이고, 또 하나는 일본 정부가 시행한 16명의 구술조사 내용이다. 이 증언에 기초하여 '위안소에서의 생활은 강제적인 상황 아래에서 참혹한 것이었다'고 확인했다.

아시아여성기금의 위안부 정의는 고노 담화와 요시미 요시아키의 연구에 기초한 것이다. 위안부 문제는 처음에 정신대 전설과 요시다 증언으로 위안부의 강제연행이라는 점이 주목을 받았지만, 위안부 피해자의 커밍아웃으로 그 증언이 알려지자 위안소에서의 비참한 피해·수난이 핵심이 되었다. 정신대 전설의 오류와 요시다 증언의 신빙성 결여도 그 단계에서 분명해졌다. 이것은 『아사히신문』 소동에서 지적된 '논점의 바꿔치기(좁은 의미의 강제성을 나타내는 사료가 없기 때문에 넓은 의미의 강제성으로 논점을 바꾸었다)'가 아니라, 위안부 인식의 자연스러운 발전, 심화라고 이해하는 것이 타당하다.

이렇게 본다면 "여성들이 일본 육군에 의해 스스로의 의사에 반해 매춘을 강요당한 것을 적극적으로 나타내는 역사적인 문서는 역사가나 조사기관에 의해 지금까지 하나도 발견되지 않았다"는 주장(사쿠라이 요시코 등이 『워싱턴 포스트』 광고에서 주장한)은 의미 없다는 것이 분명하다. 일본 육군의 위안소에서 여성들이 스스로의 의지로 매춘을 하였다는 것을 증명할 역사적 문서도 존재하지 않는다. 스스로의 의지에 반해 성적 봉사를 강요당하였다는 피해자들의 증언, 외침만 있을 뿐이다.

## 위안부 모집의 방법과 과정

그렇다면 위안부 모집 과정은 어떠했을까. 이에 대해서 일본 정부의 검증보고서는 "일련의 조사를 통해 얻은 인식은 이른바 '강제연행'은 확인할 수 없었다"고 주장하고 있다. 아베 총리도 쓰지모토辻本 의원에 대한 답변서(2007. 3. 16)에서 "군과 관헌에 의한 이른바 강제연행을 직접 나타내는 기술은 발견되지 않았다"고 언급했다. 이것이 여자정신대로 동원하여 그대로 위안부로 만들었다(정신대 전설)는 사실은 없고, 관헌이 마을에 들어가 인간사냥과 같이 폭력적으로 여성들을 모아 위안부로 보냈다는 요시다 세이지의 기술도 신빙성이 없고, 그러한 방법으로 동원했다는 기술을 다른 곳에서는 찾아볼 수 없다는 것을 가리키는 것이라면 맞는다고 할 수 있다. 그러한 통념이 존재했기 때문에 이를 분명히 부정하는 것은 의미가 있다고 생각한다. 하지만 군이 위안부를 위안소로 동원하는 데 있어서는 시기와 지역에 따라 다양한 방법과 형태가 취해졌기 때문에 사례를 나누어 보아야 한다.

미국 위안부 문제의 연구자 사라 소Sarah Soh는 위안소를 세 유형으로 나누고 있다. 이권이 부여된 업자가 경영하는 곳 concessionary, 군이 경영하는 곳 paramilitary, 범죄적인 곳 criminal 세 가지다.[21] 이 중 세 번째가 이 책에서 준위안소라고 부르는 것이다. 첫 번째와 두 번째 유형의 구분은 미묘하다. 위안소는 어디까지나 군이 만든 것으로, 업자는 의뢰를 받아 영업을 한 것이다.

## 중일전쟁기의 위안소

1931년에 만주사변이 일어나 일본군이 만주를 점령한다. 하지만 이 단계에서는 군이 위안소를 마련하려는 움직임은 없었다. 1932년에 제1차 상하이사변이 일어나 일본군이 상하이지구에 침입하면서 위안소가 만들어졌다고 이야기하고 있다. 해군육전대가 만든 '해군위안소'가 최초의 위안소라고 할 수 있다. 지나파견군支那派遣軍에서는 오카무라 야스지岡村寧次 참모차장이 '해군위안소'를 모델로 나가사키현 지사에게 여성을 보내줄 것을 의뢰하여 제1호 위안소를 만들었다고 한다. 지나파견군은 1937년 중일전쟁 개전 이후 일거에 확대되어 마지막에는 100만 대군이 되었다고 알려져 있다. 관동군關東軍, 북지나방면군北支那方面軍, 중지나방면군中支那方面軍, 남지나파견군南支那派遣軍으로 편성되어 있었다.

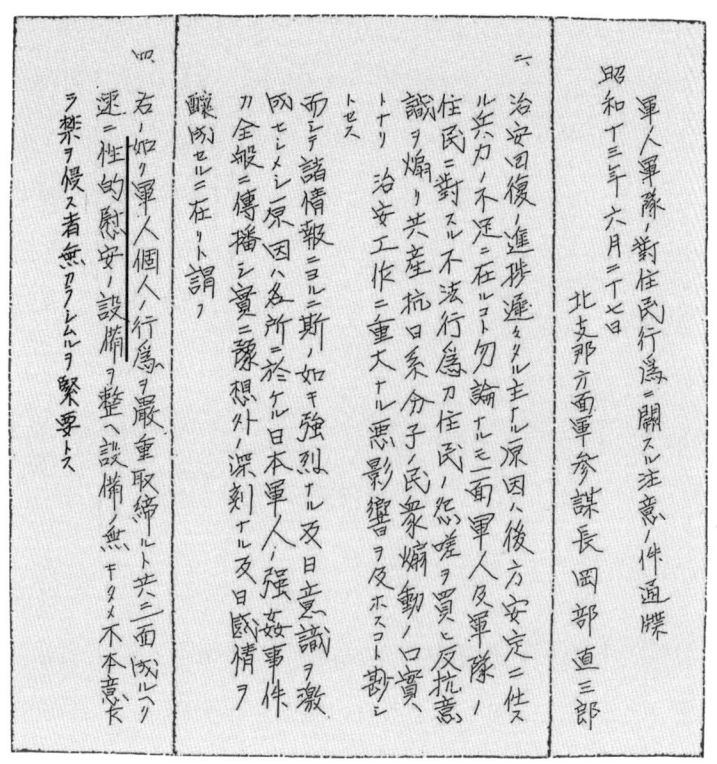

북지나방면군 참모총장인 오카베 나오자부로의 통첩(1938. 6. 27) 밑줄은 필자, 이하 동일

    군위안소라고 해도 민간업자의 가게와 특약을 맺어 군위안소 간판을 내건 곳도 있었다고 생각하지만, 군부대의 결정으로 업자에게 여성 모집을 의뢰하고 건물을 골라 위안소를 신규로 건설하여 업자에게 경영을 위탁한 것이 널리 알려진 방식이었다. 북지나방면군 참모총장의 통첩(1938. 6. 27)인 "성적 위안의 설비를 정비"를 담은 지시 내용은 아주 유명하다. 같은 취지

의 방침은 중지나방면군에도 있었다고 생각한다.

위안부 모집 과정에 대한 흥미로운 자료는 고노 담화 이후에 발견되었다. 이 자료가 아시아여성기금이 발행한 자료집 『정부조사 '종군위안부' 관계자료집성』 제1권 처음에 수록되어 있는 경찰청 관계 공표 자료다. 고노 담화의 기초가 된 문서 자료를 '(가) 자료'라고 부르고, 그 후 발견되어 자료집에 수록된 자료를 '(나) 자료'라고 부르겠다.

(나) 자료에는 "전선 각지에서 황군의 진전進展에 따라 장병의 위안 방법에 대해 관계 여러 기관에서 고려 구상 중", 1937년 12월 상하이영사관 무관실과 상하이헌병대의 합의에 따라 "전선 각지에 군위안소를 설치하기로 함"이라는 자료가 있다. 상하이일본총영사관 경찰서장이 1937년 12월 21일 나가사키현 미즈카미水上 경찰서장에게 보낸 의뢰문이다.[22] 상하이의 군관계자는 업자에게 의뢰하여 먼저 일본에서 위안부를 모집하는 일에 착수했다.

먼저 상하이의 군의 요청을 받은 업자 2명이 일본에 와서 내무성에 협조를 요청했다. 내무성 경무과장이 효고兵庫현 경찰부장에게 협조를 요청하도록 하는 데 성공한 업자들은 12월 27일 효고현 경찰부장을 방문하여 "최소한 500명의 매춘부"를 모집하고 싶다는 뜻을 표명하고 도항 수속을 의뢰했다. 효고현 경찰부장은 증명서 발급을 관할 경찰서에 지시했다. 그 결과 나가사키에서 약 200명이 출국했다. 또 새해 초두에 고베神戸발 임시선

モノト認メラルルモノニ對シテハ渡航ヲ許可致居候條
此段及回答候也

皇軍將兵慰安婦女渡來ニツキ便宜
供與方依賴ノ件

本件ニ關シ前線各地ニ於ケル皇軍ノ進展ニ伴ヒ之カ將兵ノ慰
安方ニ付關係諸機關ニ於テ考究中ノ處頃日來當館附陸軍武官室
憲兵隊合議ノ結果施設ノ一端トシテ前線各地ニ軍慰安所(事
實上ノ貸座敷)ヲ左記要領ニ依リ設置スルコトトナレリ

　　　　記

領事館
(イ) 營業願出者ニ對スル許否ノ決定

内務省

상하이일본총영사관 경찰서장이 나가사키현 미즈카미 경찰과장에게 보낸 서신(1937. 12. 21)

단고마루丹後丸를 타고 40~50명이 중국으로 향했다.[23] 이것은 성공한 사례다.

1938년 1월에는 새로운 업자가 상하이 파견군의 의뢰로 황군위안소를 위해 3,000명을 모집한다며 일본 각지를 돌았다. 놀란 군마群馬현 지사는 '미풍양속에 위반하는' 사업을 한다고 돌아다니면서 심각하게 '황군의 위신을 실추'시키고 있으니, 이런 괘씸한 행위를 단속해 달라고 정부에 요청했다. 같은 달에 이번에는 야마가타山形현 지사로부터 북지파견군을 위해 2,500명을 모은다는 업자가 나타났는데, 이런 일을 '공공연히 유포'하는 것은 '후방의 일반 민심, 특히 군대의 부름을 받고 자식을 내보낸 가정을 지키는 부녀자의 정신'에 좋지 않아, 설득해서 모집을 그만두게 했다는 보고가 올라왔다.[24] 국내에는 군위안소 설치에 반대 또는 반발하는 정서가 있었던 것이다. 이것은 실패한 사례라고 할 수 있다.

결국 내무성 경보국이 나섰다. 내무성 경보국장이 1938년 2월 23일자로 「중국 도항 부녀의 취급에 관한 건」이라는 통달을 보냈다. 위안부의 도항은 "현지 실정에 비추어 보았을 때는 필요한 것이다"라고 인정할 수 있다. 그러므로 경찰 당국도 "특수하게 고려하여 실정에 맞는 조치를 마련할" 필요, 협력할 필요가 있다고 말한 다음, '제국의 위신', '황군의 명예'를 손상시키지 않고, 출정 병사 유가족에게 악영향을 미치지 않고, 국제조약의 취지에도 위반하지 않도록, 다음 범위 안에서 실시하라고 지

二、支那事變間ニ於ケル犯罪、非行ノ特色

支那事變間ニ於ケル犯罪、非違ノ件數ハ國軍總兵員數ノ激增セルニ比スレハ其ノ增加率ハ必スシ

〔中略〕

事變勃發以來ノ實情ニ徵スルニ赫々タル武勳ノ反面ニ掠奪、强姦、放火、俘虜慘殺等皇軍ノ本質ニ反スル幾多ノ犯行ヲ生シ爲ニ聖戰ニ對スル內外ノ嫌惡反感ヲ招來シ聖戰目的ノ達成ヲ困難ナラシメアルハ遺憾トスル所ナリ宜シク皇軍ノ本質竝ニ今次聖戰ノ目的ハ抗日排日容共政權及其ノ軍隊ヲ打倒シ東洋永遠ノ平和ヲ確立シ新秩序ノ建設ニ寄與スルニ在リテ決シテ一般民衆ヲ敵トスルモノニ非サル所以ヲ一兵ニ至ルマテ徹底セシメ其ノ行動ヲシテ之ニ卽應セシムルコト肝要ナリ

五、事變地ニ於テハ特ニ環境ヲ整理シ慰安施設ニ關シ周到ナル考慮ヲ拂ヒ殺伐ナル感情及劣情ヲ緩和抑制スルコトニ留意スルヲ要ス

環境カ軍人ノ心理ニ影響イテハ軍紀ノ振作ニ影響アル所言ヲ要セサル所ナリ故ニ兵營（宿舍）ニ於ケル起居ノ設備ヲ適切ニシ慰安ノ諸施設ニ留意スルノ必要トス特ニ性的慰安所ヨリ受クル兵ノ精神的影響ハ最モ率直深刻ニシテ之カ指導監督ノ適否ハ志氣ノ振興、軍紀ノ維持、犯罪及性病ノ豫防等ニ影響スル所大ナルヲ思ハサルヘカラス

가와하라 나오카즈(川原直一) 육군성 부관 작성「지나사변의 경험에서 본 군기 진작 대책」(1940. 9)은 위안소 설치를 강하게 요청하고 있다.

시했다. 즉 위안부가 되는 사람은 일본에서 이미 매춘부인 사람이고, 21세 이상이어야 하고, 친권자가 본인의 도항을 승낙한다는 조건을 부과한 것이다.[25]

마지막으로 육군성 부관도 훈령을 내렸다. 3월 4일자 「군위안소 종업부 등 모집에 관한 건」으로 북지방면군, 중지파견군 참모장에게 통첩을 보냈다. 중국에서의 위안소를 설치하기 위해 "일본에서" 여성을 모집할 때 "군부의 양해 등 명의名義를 이용하여", "군의 위신에 상처를 입히고", "오해를 불러일으킬 염려가 있고", "모집 방법이 유괴와 비슷하여 경찰 당국에 검거 취조를 받는 일"이 있기 때문에, 모집할 때 "파견군에서 통제하고", "인물의 선정을 주도적절하게 하고, 그 실시에 있어서는 관계 지방의 헌병 및 경찰 당국과 연계를 긴밀히 하라"고 지시하고 있다.[26]

이 통첩에 대해 니시오카는 "강제연행을 군이 경찰과 협력하여 그만두게 하려고 하였다"는 것을 보여주는 것[27]이라고 평가하였고, 사쿠라이도 "여성들의 의사에 반한 노동을 강제하지 않도록 민간 중개업자에게 경고"한 문서라고 설명하고 있다.

그러나 육군성 부관의 훈령도 내무성 경보국장의 통첩도 군위안소 설치에 협력하기 위해서 좀 더 적절한 위안부 모집 방법을 지시한 것이었다는 점을 놓쳐서는 안 된다. 더욱이 니시오카, 사쿠라이가, 이 문서가 일본에서 모집하는 경우를 대상으로 한 것이라는 점을 깨닫지 못하고 마치 조선, 타이완에서도 발령된

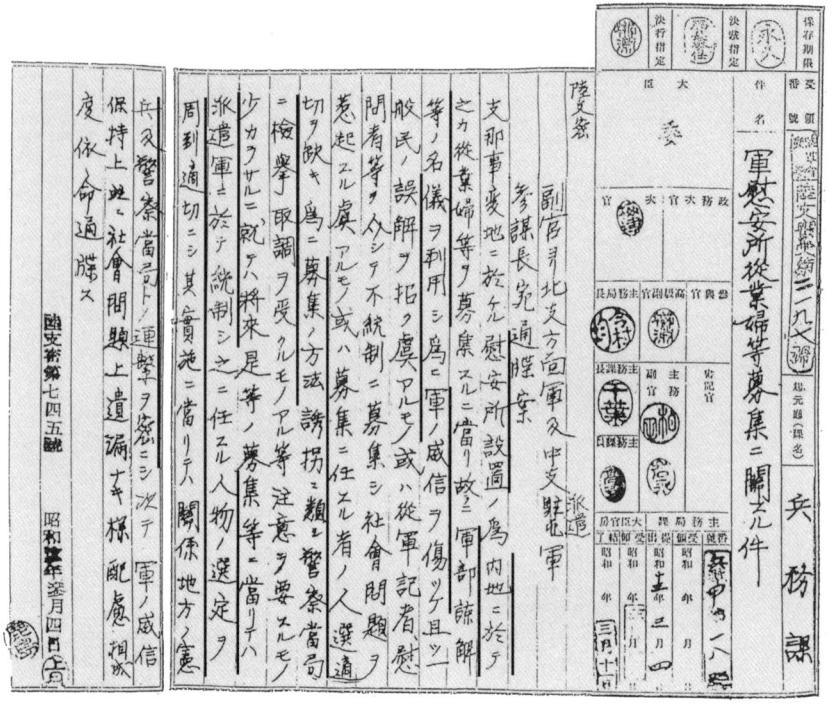

육군성 부관의 통첩 「군위안소 종업부 등 모집에 관한 건」(1938. 3. 4)

것처럼 주장하는 것은 잘못이다.[28]

그런데 전쟁이 확대되고 출동하는 부대가 많아지자 위안소 수를 급속히 늘리지 않으면 안 되었다. 그래서 이번에는 업자가 아니라 군사령부로부터 군인이 일본에 와서 내무성과 군 당국에 더욱 깊이 관여해줄 것을 요구했다. (나) 자료에 의하면, 일본군이 광저우廣州를 점령한 후 1938년 11월 4일에 남지파견군 후루쇼古莊부대 즉 제21군의 참모, 육군 항공병 소좌 구몬 아리후미ㅅ

鬥有文가 도쿄의 육군성을 방문하여 징모과장을 만나 위안부 모집에 협조해 줄 것을 요청했다. 구몬 소좌와 과장은 함께 경보국을 방문하여 남지파견군의 위안소 설치를 위해 여성 400명을 도항시킬 수 있도록 배려해 주었으면 좋겠다고 요청했다. 내무성은 곧바로 이에 응하여 이번에는 업자를 선정하고 여성을 모집시켜 현지로 향하도록 하라는 통첩을 관계된 5개 현의 지사에게 보냈다. 경보국에서는 400명을 오사카 100명, 교토 50명, 효고 100명, 후쿠오카 100명, 야마구치 50명으로 나누어 각 현에 분배했다.[29] 타이완총독부에는 이미 별도로 의뢰하여 300명에 대한 도항 절차가 끝난 상태였다.

11월 8일, 더 깊숙이 관련된 경보국장 통달「남지 방면 도항 부녀의 취급에 관한 건」이 발령되었다. 거기에는 "본 건은 극비로 취급"해 주기 바란다고 글머리를 시작하여 일의 진행 순서를 설명하고 있다. 우선 내무성이 요청하여 각 현 지사가 업자를 선정하고, 업자에게 군의 증명서를 발급하여 "부녀를 은밀하게 모집할 것", 모집되면 각 현 지사가 여성들에게 도항 증명서를 발급하고 일본을 출발시키도록 한다. 타이완 가오슝高雄까지 가면 내무성이 타이완군에게 연락해서 배를 내주고, 그 군용선이 여성들을 남지로 보내는 방식이다. 다만 "부녀자에게는 반드시 현지에서 추행(매춘업)에 종사한다는 것을 설명할 것"[30]이라고 못을 박고 있다. 남지파견군, 내무성과 관계 5개현 지사, 타이완군을 연결하는 국가적 추진체제가 은밀한 형태로 갖춰져 있던 것을 알 수 있다.

　일본에서의 위안부 획득은 대략 이러한 형태로 이루어졌다고 볼 수 있다. 민간업자가 제멋대로 여성들을 모았던 것은 아니다. 업자도 국가체제의 일부였다. 일본에서는 매춘부였던 21세 이상의 여성이 모집되었다고 생각한다. 이 사람들에게는 금전적인 약속 외에 '나라를 위해', '전쟁에 이기기 위해'라는 이데올로기적인 설득이 이루어졌을 것이다. 그러므로 이 사람들을 바로 박유하의 말처럼 "제국의 위안부"라고 부를 수 있을지 모르겠다.

　그러나 이때 조선·타이완에도 여성들을 모집하라는 요청이 있었다. 내지의 내무성에 의뢰한 것처럼 총독부와 도지사, 말단 경찰에도 협력을 요청했을 것이다. 그리고 식민지 경찰이 이 해 초두에 일본 내지의 경찰과 도호쿠東北, 간토關東의 현 당국이 모집업자에게 보인 것 같은 반발을 표명했는지 어떤지는 의심스럽다. 총독부는 도쿄의 내무성보다 더 중국 현지의 군 요청에 적극적으로 대응하는 자세를 취했을 가능성이 높다. 적어도 조선에서는 21세 이하 여성이 도항했던 사실이 확인된다. 21세 이하 여성에게 매춘을 시켜서는 안 된다는 국제조약은 식민지에게는 적용되지 않는다는 생각이 일본 정부에게 있었다는 것은 이미 알려져 있다.[31] 그렇다면 조선·타이완에서는 내무성 통첩에 속박되지 않았을 것이다. "추행(매춘업)에 종사하게 된다는 것을 설명할 것"이라는 주의도 무시되었을 가능성이 높다.

　조선·타이완에서는 그때까지 매춘부였을 것이라는 조건

이 빠지고 보통의 처녀들이 좋은 일자리가 있다는 것에 속아 모집된 경우가 가장 많은 것 같다. 가난 때문에 미리 돈을 받고 따라나가는 것을 승낙한 사람도 있을 것이다. 물론 매춘부였던 사람도 적잖이 포함되어 있었다고 생각한다. 여기에도 '나라를 위해', '전쟁에 이기기 위해'라는 이데올로기적인 설득이 있었다. 하지만 먼저 그런 의식을 갖게 된 것은 조선인 업자들이었다. 모집된 여성들에게 그런 의식이 있었는지는 의문이다.

일본의 국가체제를 총동원한 협력 덕분에 남지파견군, 광둥広東에 주둔하였던 나미집단군波集團軍, 즉 제21군(사령관 후루쇼 간로)은 1939년 4월 현재 군위안소 6개소와 850명의 위안부를 거느리고 있었다. 이 외에 부대마다 만든 시설에 150명 정도가 있었다고 한다.[32] 긴바라 세쓰조金原節三의 자료에 의하면, 육군성 회의에서 제21군의 군의부장이 병사 100명당 1명의 위안부를 모집하였다고 보고했다. 동일한 긴바라 자료에서는 1942년 현재 중국에는 북지 100개, 중지 140개, 남지 40개, 모두 280개의 위안소가 있었다고 보고되었다.[33]

그러나 연해부와 교통의 요충을 점령하고 있었던 부대의 경우는 바다 건너 일본·조선·타이완으로부터 여성들을 모집할 수 있었을지도 모르지만, 내륙의 산촌부에서는 그러한 가능성이 없었다. 거기에서는 근처 부락을 습격하여 납치해 온 여성을 부대의 기지 옆 건물에 감금하고 강간을 반복하는 형태의 준위안소가 만들어졌다. 산시山西성에서 그러한 준위안소에서 피해를 입은 여성들이 1990년대 말에 일본 재판소에 소송을 제기한 일이 잘 알려져 있다.

군위안소와 준위안소, 두 가지 형태의 위안소가 중국에서 전쟁하는 일본군에 의해 만들어졌다고 생각한다.

## '대동아전쟁기'의 위안소

1941년 12월 8일, 일본은 미국과 영국에 선전포고를 하고 하와이 진주만, 영국령 홍콩을 공격했다. 나아가 영국령 싱가포르, 말레이시아 반도, 미국령 필리핀, 네덜란드령 인도네시아, 영국령 미얀마를 공격했다. 말레이시아 반도에서부터 필리핀을 점령한 것은 야마시타 도모유키山下奉文의 제25군과 혼마 마사하루本間雅晴의 제14군, 태국을 점령한 것은 이이다 쇼지로飯田祥二郎의 제15군, 보르네오를 점령한 것은 가와구치 기요시川口清健의 가와구치부대, 인도네시아를 점령한 것은 이마무라 히토시今村均의 제16군이었다. 이 가운데 제25군과 가와구치부대는 중국 화난華南에서, 제15군의 주력인 33사단은 화중華中에서, 제55사단은 인도차이나에서, 제14군은 타이완에서, 제16군은 일본에서 출동했다. 중국에서 온 부대는 위안소가 있는 상태를 정상적인 상태라고 생각하는 병사 집단이었다.

'대동아전쟁'은 '자존자위', '아시아 해방' 전쟁이라는 대의를 내세워 추진했기 때문에 군 수뇌로서는 중국에서의 전쟁처럼 여성에 대한 강간이 동남아시아에서도 빈발해서는 안 된다고 생각했을 것이다. 그렇기 때문에 위안소를 정비하는 일이 병참활동의 가장 중요한 과제이자 급선무였다는 것은 상상하기 어렵지 않다. 남방군총사령부가 의뢰할 곳은 타이완군과 조선군이었다.

타이완에서는 이미 1942년 1월 10일에 타이완총독부 외사부장이 본국 외무성에 문의했다. "남양 방면 점령지의 군 측 요구에 따라 위안소 개설을 위해 도항하는 자(종업자를 포함)의 취급에 관한 지시를 청함."[34] 외무대신은 여권은 발행하지 않는다, "군의 증명서에 의거해 (군용선으로) 도항시킬 것"[35]이라고 회답했다. 남방 점령지로 위안부를 파견하는 것은 완전히 군에 위임되어 그때까지 작동했던 외무성·내무성·경찰의 통제는 완전히 없어졌다는 것을 알 수 있다. 1942년 2월 말~3월 초에 남방총군(남방군총사령부)이 타이완군사령관에게 보르네오행 "위안을 위한 원주민 50명을 될 수 있는 한 파견할 것"을 요청했다. 타이완군사령관의 명령에 따라 헌병이 조사하여 일본인 2명, 조선인 1명, 모두 3명의 업자를 선정했다. 타이완군사령관은 이 3명의 도항 인가를 육군대신에게 요구했다.[36] 즉 업자의 도항 허가를 요구한 것일 뿐, 타이완 원주민 고산족高砂族 여성 50명의 도항에는 육군성의 허가가 필요하지 않았다는 것을 알 수 있다. 타이완군의 승인만으로 그녀들을 보냈던 것이다.

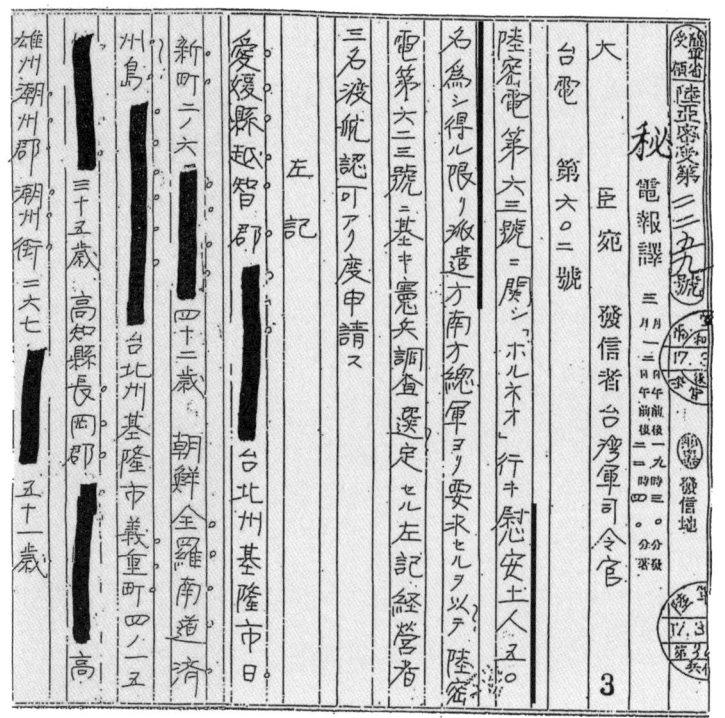

타이완군사령관이 육군대신에게 보낸 위안소 업자 3명의 도항 인가 신청서(1942. 3. 12)

마찬가지로 남방군사령부에서 조선군사령부에도 조선인 여성을 위안부로 파견하도록 요청했다는 것을 알 수 있다. 미군 자료에 있는 미얀마 미치나Myitkyina의 위안소 경영자 및 위안부 심문에 기초한 보고에 의하면,[37] 1942년 5월에 일본군이 점령한 미얀마에서 '위안 서비스'를 위해 여성을 모집할 것을 경성의 육군사령부, 즉 조선군사령부가 업자에게 의뢰했다. 당연히 남방군 총사령부가 조선군사령부에 직접 정식으로 요청한 것이다. 이때 조선에서 출발한 여성은 703명이었다.

2013년에 미얀마·싱가포르에서 위안소 관리를 맡았던 조선인 업자의 일기가 발견되었다. 이에 따르면, 그는 1942년 7월 10일에 부산에서 출발한 선단을 타고 왔으며, 그것은 제4차 위안단이었다고 한다.[38] 즉 1942년 초부터 7월 10일까지 4차례에 걸쳐 위안부 선단이 출항했다는 말이다. 각 회 같은 규모라고 한다면 700명이 4회이므로 2,800명이 수송되었다고 볼 수 있다. 이것이야말로 바로 '노예선단'이었다고 할 수 있다.

그런데 1942년 전반에 2,800명의 여성을 모집하는 것은 대단히 힘든 일이었을 것이다. 총독부와 도지사들도 협력 요청을 받았고, 노력했을 것이라고 상상하는 것은 어렵지 않다. 제4차 선단으로 미얀마에 보내진 700명 중 20명의 그룹에 대한 심문조사 자료가 남아있는데, 여성들은 일의 내용에 대해 전혀 설명을 듣지 못한 채 미리 돈을 받고 배를 탔던 것이다. 이는 취직사기에 해당한다. 모집 당시의 연령은 17세 1명, 18세 3명, 19세 7명, 20세 1명, 23세 이상이 8명이었다. 이들은 병사를 간호하는 일, 병사를 기쁘게 하는 일이라고 들었기 때문에 '나라를 위해', '전쟁에 이기기 위해'라는 이데올로기적인 설득도 이루어졌을지 모른다.

그중 알려진 문옥주 그룹은 북만주 마을의 위안소에서 탈출한 여성 5명이다. 이들의 연령은 21세 1명, 20세 1명, 18세 2명, 16세 1명이었다. 일본군 식당에서 일한다는 이야기를 믿고 남방행의 권유를 받아들였지만, 그녀들은 조선인 인솔자가 이끄는 같은 그룹의 12명 정도의 처녀들과 달리, 일의 내용을 알게 되었을 때 놀라지 않았다고 한다.[39]

앞에서 언급한 업자의 일기를 보면, 동남아시아에 설치한 위안소는 업자의 개인재산으로서 업자 간에 매매도 가능했음을 알 수 있다(1943년 8월 28일, 인센インセン 이치후지루—富士楼의 경우). 또 1949년 4월부터 위안부가 귀국하는 경우를 기록한 것이 꽤 있다. 하지만 이 일기의 교정자인 안병직은, 이것은 전장터가 아니었던 싱가포르의 특별한 경우일 것이라고 보고 있는데, 타당한 판단이라고 생각한다.

동남아시아의 위안소는 남방군의 결정에 의해 남방군이 지정한 장소에 조선군·타이완군의 협력을 얻은 업자에게 요청하여 설치했다. 그리고 군의 요청을 받은 업자와 업자가 모집한 여성들을 군의 선박으로 운송하여 위안소에 보내는 방식으로 실행되었다고 볼 수 있다.

**필리핀의 준위안소**

동남아시아에서도 중국 오지에서 생겨난 준위안소가 많이 만들어졌던 곳이 있는데, 바로 필리핀이다.

물론 통상적인 위안소도 필리핀에 조직되었다. 마닐라에는 조선인·필리핀인·중국인 여성 10명이 있는 위안소가 5~6채 있었다는 진술이 있다. 마닐라의 위안소 중 몇 군데는 군 관할 아래에 있었고, 거기에는 일본인과 조선인이 있었다는 진술도 있다. 「연합군 번역통역부국 조사보고서 120(1)」의 부록으로 1944년 2월 7일자의 마닐라 매춘소 brothels에 관한 경찰 보고가 수록되어 있다. 여기에는 25채가 언급되어 있다. 그 내역은 위안소 12채, 병하사관용 5채, 장교용 특별클럽 4채, 병하사관용 요리점 3채, 불명 1채다.

북부 루손Luzon섬에서는 바이욤봉Bayombong에 위안소가 있었다. 중부 비사야Visayas 지방에는 마스바테Masbate섬에 군인클럽이라는 위안소가 있었다. 파나이Panay섬 일로일로Iloilo시에는 제1위안소와 제2위안소 2개의 위안소가 있었다. 1942년 후반에 전자에는 12~16명, 후자에는 10~11명의 위안부가 있었다. 같은 섬 세부Cebu에는 위안소를 경영하는 일본인 업자가 1명 있었다. 레이테Leyte섬의 타클로반Tacloban에는 위안소가 1채 있었지만 위안부 9명은 모두 필리핀인이었다. 같은 섬 부라우엔Burauen에도 위안소가 개설되었다. 남부 민다나오Mindanao섬 부투안Butuan에 1942년 6월 필리핀 여성 3명으로 위안소가 개설되었다. 또한 같은 섬 카가얀Cagayan에는 1943년 2월에 하사관, 병사용으로 제3위안소가 개업되었다고 한다. 아마 제1, 제2위안소가 군위안소로 이미 있었을 것이다. 같은 섬 중앙의 단살란Dansalan

에도 위안소가 있었다. 그리고 같은 섬 다바오Davao에는 위안소가 군 내부에 설치되어 있었고, 조선인·타이완인·필리핀인 위안부가 있었다는 일본군 포로의 진술이 있다. 이상 필리핀에 설치된 위안소로 알려진 것은 30개소다.[40]

그런데 필리핀에는 부대의 병사들이 여성들을 납치, 감금해서 만든 준위안소가 많이 생겨났다. 아시아여성기금의 쓰구나이 사업을 받아들인 필리핀인 피해자 211명은 모두 준위안소에서 피해를 입은 여성들이다. 211명 중 89명에 대한 필리핀 정부의 구술조사 자료가 있다. 그녀들의 주소는 마닐라Maynila 30명, 리잘Rizal 16명, 바탄Bataan 13명, 세부 5명, 팜팡가Pampanga 4명, 불라칸Bulacan · 남카마리네스Camarines · 카피스Capiz 각 3명, 일로일로 · 바탕가스Batangas · 라구나Laguna · 소르소곤Sorsogon 각 2명이다. 그녀들은 원래 시청사, 주정부의 청사, 개인저택, 초·중학교, 고등학교의 교사, 병원과 교회 건물이었다가 일본군의 병영, 주둔지가 된 곳에 감금되어 매일 밤 강간을 당했다. 감금되어 있던 시기는 1주일 이하가 12명, 2주일이 8명, 3주일이 6명, 1개월이 14명, 2개월이 6명이다.

필리핀의 위안부로 처음 이름을 밝힌 로사 헨슨Maria Rosa L. Henson은 일본 병사에게 강간당하여, 분노를 불태우고, 공산 게릴라에 들어가 싸우던 중인 1943년 4월 앙헬레스Angeles에서 다시 체포되어 일본군사령부로 연행되었고, 그대로 감금되어 계속 강간을 당했다. 그때 그녀의 나이는 16세였다. 그녀가 구출된 것은 1944년 1월이었다. 아나스타샤 코르테스Anastasia Cortes는 20세였을 때 필리핀군 병사로 일본군의 포로가 되었던 남편이 탈주해 온 것이 발각되어 남편과 함께 일본군에 연행되었다. 남편은 마닐라의 산티아고 요새Fort Santiago에서 살해되었고, 그녀는 산티아고 요새에 유치되어 5개월간 일본군 장교와 병사에게 지속적으로 강간당했다. 필리핀의 준위안소는 폭력적으로 만들어진, 말 그대로의 강간센터였다.

## 수용소에서 위안소로:
## 인도네시아의 네덜란드인 위안부

인도네시아에도 많은 위안소가 만들어졌다. 수마트라Sumatra섬 북부의 벨라완Belawan에 설치된 위안소에는 현지 여성 2명과 중국인 6명이 있었다는 포로의 진술이 있다. 자바Jawa섬 바타비아Batavia(현 자카르타)에는 1942년에 6개의 위안소가 있었다. 가장 뒤에 세워진 제6위안소에는 7명의 조선인이 있었다. 동쪽의 수라바야Surabaya에는 3개의 위안소가 있었고, 총 위안부 수는 40명이었다는 기록도 있다. 여기에는 '일본인 위안부'가 꽤 있었다. 자바섬 중부의 스마랑Semarang에는 1944년에 4개의 위안소가 있었다. 근처의 문틸란Muntilan에도 위안소가 있었다. 세레베스Sulawesi섬에는 마카사르Makassar

에 3개, 90명, 그 외 지역에 18개, 모두 10명 이하의 위안소가 있었다. 섬 전체의 위안부 수는 224명이라고 보고되었다.[41] 할마헤라Halmahera섬에는 7개의 위안소가 있었고, 인도네시아인이 약 100명, 조선인 5명, 중국인 4명이 모집되어 있었다.[42] 이로써 위안소 수는 40개지만, 이 자료는 불충분한 것이고 위안소의 수는 더 많았다고 생각한다.

위안소에는 먼저 인도네시아 여성을 모집했다. 처음에는 매춘부였던 사람이 보내졌지만, 곧 거주지의 구청장이나 지역 조직의 반장을 통해 보통 여성을 모집했다. "학교에 가지 않을래?"나 "좋은 일자리가 있는데 응모하지 않겠느냐?"는 권유를 받았다고 한다. 거절할 수 없는 분위기도 있었다고 한다. 부락의 관리나 장로에게 권유 받았다면 강제성을 띠고 있었음을 부정할 수 없다.[43]

인도네시아 지역의 피해자 중에서 가장 특기할 만한 것은 수용소에서 위안소로 보내진 네덜란드인 여성이다. 네덜란드 정부가 1993년에 작성한「네덜란드인 여성의 강제매춘에 관한 네덜란드 정부 소장 문서 조사 보고」에 의하면, 일본군위안소로 보내진 네덜란드인 여성은 200~300명에 이른다고 되어 있는데, 그 가운데에는 매춘부였던 사람이 어느 정도 자발적으로 간 경우도 있다. 순전히 강제로 보내진 것이 확실한 사람은 65명 정도라고 볼 수 있다.

1944년 초 암바라와Ambarawa와 스마랑에 있었던 5개의 수용소에서 35명의 여성이 차출되어 스마랑에 위치한 4곳의 위안소로 보내졌다. 이 사건은 도쿄에서 시찰하러 온 장교에게 네덜란드인이 호소한 것이 문제가 되어, 2개월 동안 35명은 수용소로 되돌아가게 되었다. 전후 이 사건의 관계자는 전범재판에서 재판을 받았다.

그러나 수용소에서 끌려 나와 성적인 봉사를 강요당한 사람은 그 외에도 있었다. 아시아여성기금의 사업을 받아들인 사람은 79명이었기 때문에 스마랑의 사례 외에도 강제 매춘 피해자가 적어도 44명은 있었다는 것이다.

### 피해자 유형의 분포

앞에서 소개한 위안소의 세 유형을 바탕으로 하여, 피해자가 어떻게 위안소로 끌려오게 되었는지에 주목하여 유형을 나누어 보겠다. 그리고 아시아여성기금이 사죄와 보상사업을 시행한 위안부 피해자 285명이 어떤 유형에 몇 명이 해당되는지 살펴보겠다.

먼저 가장 많은 제1유형은 군인이 폭력적으로 납치, 감금하여 강간한 여성들(준위안소)로, 221명(필리핀인)이다. 다음 제2유형은 수용소 등 자유를 구속당하는 곳에서 군인에게 차출되어 강제로 위안소로 보내진 여성들로, 79명(네덜란드인)이다. 제3유형은 군의 의뢰를 받은 업자가 주로 사기적 수단으로, 부분적으로는 경관·헌병 등의 힘을 빌어 모집하여 군이 수송하고 배분하여 위안소에 들어간 여성들(한국인·타이완인)로, 73명이다. 제4유형은 군의 의뢰를 받은 업자가 행정 당국의 지시 아래 나라를 위한 일이라고 설득하여 위안부로 일한다는 것을 알려준 여성들(일본인)이지만, 아시아여성기금의 쓰구나이 사업 대상자에는 한 사람도 없다.

제3장

# 고노 담화는
# 어떻게 만들어졌나?

고노 담화는 1993년 8월 4일에 발표된 내각관방장관 고노 요헤이河野洋平의 담화다. 이 담화는 전후 일본의 자민당 정부가 발표한 담화 가운데 가장 이례적인 것이자 가장 중요한 것이라고 할 수 있다. 이 담화만큼 일부 사람들로부터 격렬한 비난을 받고 담화를 취소, 철회시키려는 시도가 반복된 것은 없다. 하지만 고노 담화는 오늘날까지 수정되지 않았다. 고노 담화는 어떻게 작성되었고, 왜 항상 공격의 표적이 되었으며, 어떻게 부동의 중요성을 유지하고 있는지 살펴보겠다.

## 고노 담화와 한일조약체제

고노 담화는 1945년 8월 15일 이전의 일본 국가가 아시아 사람들에게 준 고통과 깊은 상처에 대해 일본 정부가 처음으로 이를 직시하고, 조사하고, 인식하고, 사죄한 역사적인 문서라고 말할 수 있다. 한국과의 관계로 말하자면, 한일조약체제에 대한 최초의 수정 조치였다.

패전 후 일본은 평화국가로 전환할 것을 결의하고 재출발하였지만, 조선에 대한 식민지 지배에 대해서는 반성도 사죄도 하지 않았다. 1965년에는 한반도의 반에 불과한 대한민국과 한일조약을 맺고 정상적인 국가 간의 국교를 시작했다. 그때 일본은 한국에 무상으로 3억 달러와 유상으로 2억 달러의 경제원조를 실시하여 청구권에 관한 문제가 "완전하고 최종적으로 해결되었다는 것을 확인한다"는 협정을 맺었다. 어쨌든 5억 달러의 경제협력을 하는 것으로 앞으로 일절 한국 측이 청구하지 않아야 한다는 약속이었다.

한국 측은 1910년의 병합조약은 강제적인 것이고 애초부터 무효다, 합병은 강제된 것이라고 주장하였지만, 일본 측은 병합조약도 '양자의 완전한 의사, 평등한 입장'에서 체결되었기 때문에 효력을 가졌다, 한국이 국권을 양보한다고 하였기 때문에 일본은 병합에 동의한 것이라고 주장하며 대립하고 있었다. 이 때문에 한일조약 제2조는 하나의 텍스트를 쌍방이 자신의 사정에 맞게 해석하는 것으로 타협했던 것이다. 역사인식의 대립을 이 조문 안에 집어넣은 것이다.

한국 국민은 한일조약에 강한 불만이 있었으나, 박정희 대통령은 강권정치로 국민의 저항을 누르고 한일조약체제를 안정시켰다. 일본의 경제협력자금은 한국의 경제발전에 공헌했다. 그리하여 한일조약체제는 한국과 일본의 우호 협력을 이후 30년에 걸쳐서 뒷받침했다.

하지만 1973년 김대중 납치사건이 일어났고, 한국에서 민주화운동이 시작되었다. 14년간의 피에 젖은 학생·지식인·기독교세력·야당세력·노동자의 운동은 마침내 직장인 등 전 국민을 끌어들여 1987년에 이르러서는 민주혁명이 승리했다. 직접선거로 대통령을 뽑는 민주주의가 실현되었다. 노태우가 선거에서 승리하여 대통령으로 취임하였고, 서울올림픽의 개회를 선언했다. 한국에서 새로운 시대가 막을 열었다. 이때 이웃나라 일본의 정부와 국민은 새로운 이웃나라 관계, 협력관계를 맺기 위해 한국에 대해 새로운 태도로 마주할 필요가 있었다.

민주화된 한국에서 자신들의 힘을 깨달은 여성들은 오랜 시간 동안 마음에 묻어두고 있었던 문제를 정부와 사회에 제기했다. 그것이 일본군'위안부' 문제였다. 제2장에서 언급한 것처럼, 1990년 1월 윤정옥 교수가 신문에 연재한 위안부 문제 글을 계기로 가을에는 정신대문제대책협의회가 탄생했고, 이듬해인 1991년 8월 위안부 피해자 김학순 할머니의 커밍아웃으로 이어졌다. 김학순 할머니의 기자회견은 한국과 일본의 정부와 국민에게 강렬한 충격을 주었다. 그녀는 12월 도쿄지방재판소에 제소한 보상 청구소송에 참가했다.

12월 7일 도쿄에서 열린 한일 아시아국장회담에서는 한국 외무부 김석우 아시아국장이 일본 측에게 위안부 문제의 철저한 진상규명과 그에 기초한 적절한 조치를 요구했다.

## 위안부 문제의 제기와 미야자와 내각

　　이때 일본의 내각은 미야자와 내각이었다. 미야자와 기이치宮沢喜一는 요시다 시게루吉田茂, 이케다 하야토池田勇人와 같은 자민당 보수 주류를 걸어온 사람으로, 1991년 11월에 73세의 나이로 총리에 올랐다. 경제와 대미 외교가 전문 분야였던 그는 한국과 심각한 문제에 부딪힌 여러 시기에 그것을 처리해 온 사람이기도 했다. 1974년에는 다나카田中 총리의 외무대신으로 김대중 납치사건의 정치적 해결을 추진했다. 1980년 김대중이 한국에서 사형판결을 받았을 때는 스즈키鈴木 내각의 관방장관으로서 밀사를 보내 사형을 단념하도록 요청한 적도 있었다. 게다가 1982년에는 한국과 중국으로부터 역사교과서 왜곡의 비난을 받아, "아시아 근린 제국과의 우호, 친선을 다지는 가운데 이들 비판에 충분히 귀를 기울여 정부가 책임지고 시정한다"는 미야자와 관방장관 담화를 발표했다.

　　미야자와 총리는 한일 경제관계의 발전을 추진한 사람이지만 안정적인 한일체제가 한국의 강권정치에 의해 지탱되고 있다는 것을 인식하고 그 문제점에 대해서도 주의를 기울여 온 정치가다. 그렇기 때문에 한국에서 1987년에 민주혁명이 성공한 후에는 한일관계에 새로운 바람이 불 것이라는 것을 충분히 예상하고 있었다. 총리가 된 후 첫 방문지를 한국으로 정한 것도 한국과 새로운 관계를 목표로 하는 마음가짐에서 나온 것이다. 미야자와 총리는 대통령으로 당선된 노태우의 외교정책이 큰 전환을 이루었기 때문에 노태우 정권과 협력하여 문제 해결을 도모하는 것이 새로운 한일관계를 만드는 데 도움이 된다고 생각했던 것 같다.

그렇기 때문에 위안부 문제가 제기되었을 때 미야자와 총리와 가토 고이치加藤紘一 관방장관은 한국 정부의 요구를 바로 받아들여 위안부 문제의 조사 개시를 결단했을 것이다. 12월 12일 내각관방 주재로 관계 성청 회의를 열었고, 위안부 문제의 자료 조사를 지시했다.⁴⁴ 이것은 1955년 이래 전후 일본을 지배해온 자민당 정권이 지금까지 한 번도 한 적이 없는 놀랄 만한 발걸음이었다. 그리고 한일 간 청구권에 관한 문제는 "완전히 그리고 최종적으로 해결되었다"고 한 이상, 문제의 조사를 시작하는 일 자체가 이미 한일조약체제의 벽에 균열을 만드는 것도 불사하겠다는 행위였다.

### 진상규명을 위한 한일 협력

여기에서 한국 정부가 말한 '진상규명'이란 윤정옥의 위안부 문제 연재의 결말에 있는 다음과 같은 말로 시작하고 있다.

위안부나 징용부 생각을 하면 일본에 대한 원한이 하늘에 사무치지만 일본인 중에도 과거를 뉘우치는 양심을 가진 사람들이 많이 있음을 나는 안다. 그들의 도움으로 이만큼이나마 위안부들의 고통의 자취를 밟아볼 수 있었다.

한국 침략으로 인한 민족적 수모를 잊어서는 안 되지만 감정적으로 일본을 미워하는 것만으로 문제는 해결되지 않는다. 어떻게 해서든지 일본의 양심 세력과 정부 당국의 협력을 얻어 이 문제를 밝히고 정리하는 일은 비명에 간 위안부들에 대한 우리의 책임이요, 역사를 앞으로 이끄는 일이 될 것이다. 이 일에 일본이 협력할 때 일본도 과거에서, 전쟁범죄에서 해방될 것이라고 믿는다.

윤정옥, 「'정신대' 원혼의 발자취 취재기」, 『한겨레신문』 1990. 1. 24.

이것은 실로 냉정하고 건설적인 호소로 한국인의 마음 깊은 곳에 있는 염원을 나타낸 것이라고 생각한다. 이 염원을 한국 정부가 전달하여 일본 정부가 받아들인 것이다.

일본 측이 조사를 시작하자 한국 측에서도 12월 13일에 국회에서 정대협 대표의 참고인 진술, 전 위안부의 증언이 이루어졌다. 이때 한국 정부도 재외공관에 자료조사를 지시했다. 그리하여 한일 양 정부가 동시에 위안부 문제의 조사연구에 착수했다.

1992년 1월 7일, 일본 정부의 조사 담당자는 방위청 방위연구소에서 일본군의 관여를 보여주는 문서(오카베 나오사부로, 「북지나방면군 참모장의 통첩 등」)⁴⁵를 발견한 것을 보고했다(일본 정부 검증보고서). 1월 11일 요시미 요시아키 주오中央대학 교수가 위안부 문제에 일본군의 관여를 보여주는 자료를 방위청 방위연구소에서 발견한 것이 『아사히신문』 1면 머리기사로 크게 보도되었다.

일본 정부는 즉각적으로 대응했다. 1월 13일 가토 관방장관이 처음 담화를 발표했다.⁴⁶

1. 관계자들의 이야기를 들을 때마다 한반도 출신의 이른바 종군위안부들이 체험한 쓰라린 고통을 생각하면 가슴이 미어진다.
2. 이번 종군위안부 문제에 구 일본군이 관여하였다고 여겨지는 것을 보여주는 자료가 방위청에서 발견된 사실을 알고 있고, 이 사실을 엄숙히 받아들인다.
3. 이번에 발견된 자료와 관계자들의 증언과 이미 보도된 미군 등의 자료를 보면 종군위안부의 모집과 위안소 경영 등에 구 일본군이 어떠한 형태로든 관여하였다는 사실은 부정할 수 없다고 생각한다.
4. 일본 정부로서는 여러 차례의 기회에 한반도 사람들이 우리 나라의 과거 행위에 의해 견디기 어려운 고통과 슬픔을 체험한 것에 대해 깊은 반성과 유감을 표명해 왔지만, 이번 기회에 다시 한 번 종군위안부로 필설로 다하기 어려운 고통을 맛본 분들에게 충심으로 사죄와 반성의 마음을 드리고 싶다.

일본 정부는 이러한 잘못을 결코 반복해서는 안 된다는 깊은 반성과 결의 위에 서서 평화 국가로서의 입장을 견지함과 더불어 미래를 향해 새로운 한일관계를 구축할 수 있도록 노력해 나가고자 한다.

5. 또한 일본 정부로서는 작년 말부터 관계 성청에서 일본 정부가 한반도 출신 종군위안부 문제에 관여하였는지에 대한 추가적인 조사를 시행하고 있는데, 앞으로도 계속해서 성심성의껏 조사를 시행해 나갈 것이다.

이러한 재빠른 행동은 미야자와 정권 안에 이미 이 문제에 대한 대응 자세가 갖춰져 있었기 때문이라고 생각할 수 있다.

## 미야자와 총리의 방한

미야자와 기이치 총리는 1992년 1월 16일 여론이 들끓는 한국을 방문했다. 다음 날인 17일 정상회담에서 위안부 문제가 거론되었다. 노태우 대통령은 가토 관방장관 담화를 평가한다고 하면서 "진상규명에 힘쓰고, 마땅한 조치를 바란다"고 요청했다. 이에 대해 미야자와 총리는 가토 관방장관 담화의 표현을 반복하며 일본군의 관여를 인정하고, "필설로 다하기 어려운 고통"을 준 것에 대해 사죄를 표명했다. 나

아가 "성심성의껏 조사를 하겠다"고 밝혔다.[47]

　이 날 미야자와 총리는 한국 국회에서 연설했다. 그 가운데 "우리 나라와 귀국과의 관계에서 잊어서는 안 되는 것은 수천 년에 걸친 교류 가운데 역사상 한 시기에 우리 나라가 가해국이었고 귀국이 피해자였다는 사실이다"라고 일본의 가해 책임을 처음으로 확실하게 말했다. 위안부 문제에 대해서는 같은 표현이지만 사죄했다.

　한국 측은 18일 기자회견에서 이상옥 외무장관이 진상이 밝혀지면 "보상 등의 문제를 다각적으로 검토하겠다"는 생각을 밝혔다.[48] 이에 대해서 가토 관방장관이 20일의 기자회견에서 "일본 정부 측에서는 이 문제는 한일기본조약으로 이미 처리된 문제라고 생각한다"고 밝혔지만,[49] 21일에는 "보상이 아닌 다른 구체적 조치를 검토하겠다"고 시사했다.[50]

　21일, 한국 정부가 위안부 문제에 대해 보상을 요구하는 방침을 정했다고 『아사히신문』이 보도했지만, 『조선일보』는 보도하지 않았다. 노태우 정권의 방침이 여기에서 갑자기 변화한 것은 이해할 수 없다.[51] 아직 양국 정부가 상대방의 태도를 가늠하고 있는 상태라고 볼 수 있다. 일본 정부는 지금까지 한일 간의 청구권 문제는 한일조약 체결 때 "완전히 그리고 최종적으로 해결되었다"는 것이 확인되었다고 말해 왔지만, 제기된 위안부 문제는 너무 심각한 문제고, 해결이 끝났다며 도망갈 수 없다고 판단하기에 이른 것이다. 청구권 협정에서 '해결되었다'는 것은 변함이 없지만, 어떠한 조치를 취해야만 한다는 식으로 변한 것이다. 한국 측은 그 검토를 기다리고 있었던 것이라고 생각한다.

## '요시다 세이지의 책'에 대한 비판의 움직임

일본 정부가 한일조약체제에서 벗어나서 위안부 문제 조사를 개시하자 일본의 보수적인 사람들이 처음으로 비판의 목소리를 높였다. 1992년 봄 현대코리아연구소의 니시오카 쓰토무가 『분게이슌슈文藝春秋』 4월호에 「위안부 문제란 무엇인가」[52]를 썼고, 『세이론』 4월호에 「위안부와 정신대-반복되는 일본의 사죄체질」[53]을 썼다. 니시오카는 『분게이슌슈』에 실린 글에서는 "한일조약 체결 당시에 제공한 5억 달러로 한국인에 대한 전쟁 보상은 해결된 셈"인데 "위안부 문제가 한일 쌍방에게 심각한 영향을 미치고 말았다"는 것을 우려하는 인식에서 출발하고 있다. 위안부 문제에 대한 관심을 현저하게 높인 것이 김학순이라는 여성의 등장이었고, 이 여성의 존재를 특종으로 보도한 것이 『아사히신문』 우에무라 다카시植村隆 기자의 기사였다고 고발했다. 『세이론』에 실린 글에서는 위안부와 정신대를 동일시해서는 안 된다, 위안부는 징용된 것이 아니라 민간업자에 의해 모집된 것이라고 주장하고 있다.

계속해서 4월 30일 『산케이신문』에 「조선인 종군위안부, 강제연행에 의문/가해자의 고백, 피해자가 부정」이라는 제목으로 제주도 현지조사에 의해 요시다 세이지 증언이 부정되었다는 하타 이쿠히코 다쿠쇼쿠대학拓殖大學 교수의 기사[54]가 실렸다. 『세이론』 6월호에도 하타의 「종군위안부들의 춘추」[55]라는 글이 실렸다. 의문의 근거로 하타는 요시다에게 제주도에 동행한 부하를 소개해 달라고 부탁하였지만 거절당한 것, 제주도를 방문하여 『제주신문』 허영선 기자의 비판기사를 발견한 것, 성산포의 노인클럽에서 이야기를 듣고 "요시다 증언은 허구인 것 같다"고 확인한 점을 들고 있다.

요시다 세이지의 책 『나의 전쟁범죄』(1983)는 1977년에 나온 첫 책 『조선인 위안부와 일본인-전 시모노세키 노보동원부장의 수기』[56]를 전부 고쳐 쓴 것으로, 일본의 전쟁범죄를 고백하고 고발하기 위해 창작한 픽션이라고 생각한다. 하타의 지적은 타당했다.

### 조사 결과의 제1차 발표

일본 정부는 그해 7월 6일에 조사 결과를 발표했다. "현재까지의 조사 결과를 … 정리하였기 때문에 발표한다"고 적혀 있다. 발견된 자료는 127점이다. 조사 결과의 요점은 "위안소 설치, 위안부 모집을 담당하는 사람의 단속, 위안시설의 축조·증강, 위안소의 경영·감독, 위안소·위안부의 위생 관리, 위안소 관계자의 신분증명서 등의 발급에 관해 정부의 관여가 있었다는 것을 인정했다는 것이다"라고 언급하고 있다. 이때 가토 고이치 관방장관의 담화가 함께 발표되었다. 위안부 피해자에 대한 '사죄와 반성'은 1월 13일 담화를 거의 동일한 표현으로 반복한 것이었다. 다만 "국적, 출신지의 여하를 막론하고"라는 표현이 추가되어 대상을 한국인만으로 제한하지 않는다고 밝혔다. 그리고 사죄를 표시하기 위해 어떤 조치를 취할지에 대해 새로운 언급을 했다.

이러한 고초를 겪은 분들에 대해 우리의 마음을 어떠한 형태로 표현하는 것이 가능할지 각 방면의 의견을 들으면서 성의를 가지고 검토하고자 한다.

일반적으로 가토 관방장관의 담화라고 하면 이 두 번째 담화를 가리킨다. 하지만 이 발표는 특별한 인상을 주지 못했다.

한국 측은 일본 측의 조사 결과 발표에 대해 의견을 제시했다. 그 주안점은 강제연행과 관련된 사항을 보고에 포함시켜 달라는 것이었지만, 계속해서 진상규명을 추진해 달라는 것도 요청하고 있었다(일본 정부 검증보고서).

한편, 한국 정부의 정신대문제실무대책반이 같은 달(7월)

31일에 「일제하 군대위안부 실태조사 중간보고서」를 발표했다. 이 보고서의 머리말은 대책반 반장인 김석우 아주국장이 썼는데, 매우 인상적인 글이다.

> 한일 양국은 고래로부터 활발한 교류를 통해, 서로간에 커다란 영향을 주고받는 이웃관계를 유지해 왔습니다. 특히 오늘에 이르러서는 양국은 서로에게 없어서는 안 될 긴밀한 관계로 발전되었으며, 이러한 토대 위에 양국 정상은 최근의 상호 방문을 통하여 미래지향적인 우호 협력 관계를 구축해 나가기로 합의한 바 있습니다. (중략)
> 금번 보고서는 이러한 한일 양측의 조사 결과를 종합·정리한 것으로서, 일제 식민지하에서 우리 민족이 겪은 수난의 역사의 가장 어두웠던 단면을 보여주고 있습니다. 우리 정부는 불행했던 과거에 대한 자료를 정리하여 일반에게 공개함으로써 과거를 올바르게 규명하는 계기를 마련한다는 관점에서 이 보고서를 작성한 것입니다. (후략)

즉 한국 측은 중간보고서라고 말하지만, 한일 협력에 의해 지금까지 알게 된 위안부 문제의 진실은 이렇다고 보고한 것이다. 이 보고서에는 위안부 모집에 대해 1932년 상하이사변 당시에는 일본 내지로부터 '주로 직업 매춘 여성'을 모집하였지만, 난징南京대학살 이후 '매춘 경험이 있는 여성'은 성병을 전염시키기 때문에 적당하지 않다고 하여 "군부와 업자는 위안부를 당시 일본 식민통치하에 있었던 한국에서 충원하려고 한 것으로 추정된다"고 설명하고 있다. 모집 방법은 1938년까지는 '인신매매 수법'이 취해졌고, 1938년 이후에는 "업자가 군의 허가 아래 헌병·경찰·면장 등의 도움을 얻어 주로 가난한 농촌 농민의 처녀들을 특지간호부, 군간호보조원 모집 등의 명목으로 모집하였던 것으로 보인다"고 설명한다. '사실상의 동원 방법'을 언급한 부분에서는 총독부가 위안부의 "동원을 도모했다"고 주장하지만 자료의 근거를 제시하고 있지는 않다. 그리고 요시다 증언을 중시하여 1943년 무렵부터 "흑인노예사냥과 같은 수법의 인간사냥으로 위안부를 충원하기도 했다"고 언급하고 있다.

일본에서 하타 이쿠히코가 제기한 요시다 세이지 책에 대한 의문을 참조하지 않았던 것은 어쩔 수 없었다고 해도, 요시다 세이지 증언을 검증 없이 인용한 것은 이 보고서의 한계라고 말할 수밖에 없다. 다만 여자근로정신대의 동원에 대해서는 "위안부 조달과 성격이 다르다"고 하여 "여자근로정신대와 위안부는 기본적으로 관계가 없다"고 분명히 구분하고 있다. 정신대 전설이 사람들의 의식을 강하게 속박하고 있던 한국에서 이러한 결론을 낸 것은 뜻깊은 진전이었다.

한국 측은 이 보고서를 발표하기 전에 일본 측에 보여주고 코멘트를 요청했다(일본 정부 검증보고서). 그리고 자신들의 보고서를 '중간보고서'라고 명명한 다음, 일본 정부에게 더 많은 노력을 요구했다. 김석우 국장은 『동아일보』 8월 2일호에 게재된 인터뷰 중에서 "정부가 보고서를 발표하면서 일본 정부에 철저

한 진상규명의 노력을 다시 촉구한 것은 일본에게 국가로서의 도덕성을 증명할 기회를 준 것이다"라고 언급했다. 미야자와 내각은 일본의 '역대 정권 가운데 과거사 해결에 가장 호응한 정권'이라며 기대를 표명했었다.

## 고노 담화의 작성 과정

그렇게 평가되었기 때문인지 아니면 예정된 행동이었는지는 모르겠지만, 미야자와 정부는 이후 자료수집의 범위를 미국으로 넓히고, 국내에서도 한층 더 깊이 있는 조사를 하게 되었다. 1992년 10월 이시하라 노부오石原信雄 관방부장관 아래 내각외정심의실과 외무성 대표자가 모여 조사를 계속한다는 방침을 정한 것 같다(일본 정부 검증보고서). 당시 내각외정심의실장은 다니노 사쿠타로谷野作太郎로 바뀌었다(1992년 6월부터). 그의 전직은 외무성 아시아국장이었다. 그 아래에서 조사를 담당하였던 심의관은 후생성에서 온 다나카 고타로田中耕太郎였다. 조사는 자료조사 외에도 위안부 피해자에게 구술조사를 실시했다. 또한 국내외 연구자에 의한 위안부 문제 자료조사와 연구가 시작되었기 때문에 그들의 성과도 흡수했다.

주오대학 교수 요시미 요시아키는 자신이 모은 자료를 정리하여 1992년 11월에 『종군위안부 자료집』을 간행했다.[57] 일본 국내 자료만 106점이 수록되었다. 요시미는 해제 「종군위안부와 일본 국가」를 덧붙였다. 이는 위안부 문제에 대한 역사가 최초의 연구성과로 일본 정부의 조사에 큰 도움이 되었다. 조선에서의 징집에 대해 요시미는 '정신대 전설'에 얽매이지 않았고, 요시다 세이지 증언에 의거하지도 않았다. 총독부의 직접 관여도 주장하지 않았다.

정부의 자료조사는 일본 국내뿐만 아니라 미국으로도 확대되었다. 그 결과 260점의 자료가 발견되었다. 국내에서 227점, 미국에서 33점이다. 이후 이 자료는 모두 아시아여성기금에서 출판되었다.

문서자료 외에는 위안부 피해자의 증언이 결정적으로 중요했다. 정부조사팀은 정대협과 태평양전쟁희생자유족회와 접촉하여 위안부로부터 구술조사가 가능한지 교섭하였지만, 정대협은 협력을 거절했다. 대신 자신들이 실시한 청취를 정리한 책자 『강제적으로 끌려간 조선인 군위안부들』제1집(1993. 1)을 참고하면 어떨지를 제안했다. 정대협은 서울대학교 안병직 교수의 참여로 1992년 6월부터 위안부 할머니의 구술조사를 시작했다. 구술작업은 쉽지 않았다. 증언자의 진술이 종종 논리적인 모순을 가져오는 등 곤란한 작업이었다. 한 사람에게 평균 5~6회 이상 구술조사를 실시하여 검증된 19명의 증언만을 연말까지 정리했다. 피해자의 증언을 정리한 이 책은 일본 정부에게 매우 중요한 자료였다. 어떤 의미에서 이 정대협 출판물이 고노 담화의 기초가 되었다고 말할 수도 있다.

　태평양전쟁희생자유족회와의 교섭이 성공하여 1993년 7월 26~27일에 서울에서 16명의 피해자에게 구술조사가 실시되었다. 다만 1회 구술조사로 그 내용을 검증할 수는 없었다. 하지만 조사팀이 피해자의 이야기를 직접 듣고 "전 위안부에게 다가가 그 마음을 깊이 이해한다"는 목적을 달성한 것은 큰 의미가 있었다. 피해자의 구술조사를 정리한 문서는 유족회 및 피해자와의 약속으로 비공개로 처리하여, 아시아여성기금 관계자에게도 보여주지 않았지만, 2013년 10월 아베 정권 관계자로부터 『산케이신문』에 흘러나와 고노 담화 공격 캠페인에 이용되었다.

　반대파는 검증이 없는 피해자의 구술조사는 의미 없다고 계속 주장해왔다. 하지만 정부조사팀은 한편으로는 검증된 증언을 수록한 정대협 출판물을 참고하였고, 다른 한편으로는 위안부 피해자에게 직접 구술조사를 실시하여 피해자의 심정을 이해했다. 절차는 다 거쳤다고 생각한다. 구술조사를 통해 확인한 것은 군위안소에서 장병에게 성적인 봉사를 강요당한 것이 견디기 어려운 고통이었다는 위안부 피해자의 심정이었다.

　게다가 조사팀은 위안부 피해자 외에도 구술조사를 실시했다. 그 내용은 전혀 밝혀지지 않았지만, 이 점도 『산케이신문』에 누설되어 『산케이신문』 2014년 5월 20일호는 구술조사 대상자가 구 군인 12명, 전 조선총독부 관계자 5명, 전 위안소 경영자 1명, 전 후생성 관계자 2명, 대학교수·연구자 3명, 책 집필자

3명, 모두 26명이었다는 것을 밝혔다. 대학교수인 연구자로는 하타 이쿠히코와 요시미 요시아키, 책 집필자로는 센다 가코千田夏光·요시다 세이지·야마다 메이코山田盟子의 이름이 거론되었다. 연구자 중 남은 1명의 이름은 『산케이신문』이 밝히지 않았다. 일본 정부조사팀은 '요시다 증언'의 신빙성을 부정하고 있는 하타의 주장과 요시다 증언을 채용하지 않은 요시미의 주장을 들은 다음, 요시다 본인에게도 관련 내용을 직접 조사하였음을 알 수 있다. 이러한 조사를 근거로 '요시다 증언'은 채용하지 않았다. 이와 같이 조사는 상당히 치밀하고 빈틈이 없었다고 생각한다.

## 김영삼 대통령의 새 방침과 자민당 정권의 종언

그러는 동안 1992년 12월 일본에서는 미야자와 총리가 내각 개편을 실시하여 관방장관이 고노 요헤이로 바뀌었다. 같은 달 한국에서는 대통령 선거에서 김영삼이 김대중을 이기고 당선되었다. 1993년 2월 대통령에 취임한 김영삼은 3월 13일에 위안부 문제에 대해서는 일본 정부에게 물질적인 보상을 요구하지 않을 것이고, 위안부의 생활은 한국 정부가 보호·원조한다. 일본은 진상규명을 확실히 해 주었으면 좋겠다고 표명했다. 조사 결과를 정리하던 일본 측에게는 김영삼 대통령의 새로운 방침이 고마운 것이었다고 생각하지만, 한국의 피해자 지원단체인 정대협은 이 방침에 반발했다. 정대협은 3월 14일에 성명을 발표하고 "종군위안부 문제는 중대한 인권침해 범죄로서 피해자들은 국제법에 기초하여 일본 정부에 배상賠償을 요구할 권리가 있다"[58]고 주장했다.

한편, 그해 여름 일본에서는 자민당이 총선거에서 패배하는 큰 사건이 발생했다. 6월 18일 야당이 제출한 미야자와 내각불신임 결의안이 당내 하타羽田파의 반란으로 국회에서 가결되었기 때문에 미야자와 총리는 국회를 해산했다. 7월 18일에 시행한 총선거에서 자민당은 223석 밖에 얻지 못하고 패배했다. 야당에서는 사회당이 반으로 줄어 70석이 되었지만, 하타파 신당인 신생당新生党이 55석, 공명당公明党이 51석, 일본신당日本新党이 35석, 민사당民社党이 15석, 다케무라武村파 신당사키가케新党さきがけ가 13석, 사민련社民連이 4석, 나머지는 공산당共産党이 15석을 얻었다. 자민당이 3분의 2, 사회당 등이 3분의 1의 의석을 차지하여 자민당의 영구 집권이 지속된 55년 체제가 무너지고 공산당을 제외한 사회당에서 사민련까지 각 당파가 연립을 맺고 비자민 정권을 만드는 형세가 되었다. 미야자와 내각은 새로운 국회가 8월 6일에 열리기 전까지 사무처리 내각이 되어버렸다.

그러한 정부가 위안부 문제의 조사 결과를 정리하는 것이 타당한지에 대한 의문을 정치가가 갖는 것은 당연하다고 생각한다. 하지만 미야자와 총리는 전후 일본을 맡아온 자민당 정권이 새로운 상황에 대응해 가는 행위로 위안부 문제 조사를 완결시켜야 한다는 생각이 있었다고 여겨진다. 그것은 일본 국가의 책임을 자각한 유례가 드문 올바른 결단이었다.

## 고노 담화의 정리와 한일 교섭

고노 담화의 초안은 서울에서 위안부 피해자의 구술조사 전에 이미 완성되었다고 한다. 피해자에게 구술조사를 실시하여 그들의 심정을 최종 확인하고, 문안을 완성했을 것이다. 이후 한국 측에게 초안을 보여주고 조언을 듣는 과정이 시작되었다. 이렇게 주고받는 과정이 있었던 것은 2014년 일본 정부 검증보고서에서 처음 밝혀졌다. 그렇다면, 고노 담화는 한일 합작이었다는 소극적인 평가도 있지만,[59] 양국이 협력하여 진상을 규명하자는 한국 정부의 요구를 받아들여 진행한 작업이기 때문에 정리한 인식을 통지하여 의견을 듣고 타당한 비판이라면 받아들이는 것은, 이례적이지만 있어야 할 진행방식이라고 생각한다. 화해를 위해 필요한 절차였다.

한국과 의견 교환이 있었던 첫 번째 사안은 "위안소 설치에 대한 군의 관여"였다. 일본 측 원안에는 "군의 의향"이라는 단어가 사용되었는데, 한국 측은 그것으로는 약하다며 "군의 지시"

라고 해야 한다고 주장했지만, 그것은 확인할 수 없다고 하여 일본 측이 "요망"으로 주장했다는 것이다. 그리고 또 한 번 한국 측의 비판을 받아 "요청"으로 바뀌었다.

위안소에는 다양한 형태가 있지만, 기본적인 것은 군이 설치를 결정한 군 시설이다. 업자에게 여성을 모집할 것, 위안소를 관리, 운영할 것을 위탁한 것이다. 정부는 이러한 사실을 보여주는 자료를 많이 발견했다. 고노 담화 때는 발견되지 않았던 자료로 교토대학 나가이 가즈永井和가 발견한, 1937년 9월 29일에 개정된 「야전주보규정野戰酒保規程」이 있다. 이 개정 규정에 "필요한 위안시설을 설치할 수 있다"는 조항이 추가된 것을 보면 군이 위안소를 설치하는 것이 공식적으로 승인되었었다는 것은 분명하다.[60] '의향', '요망', '요청'이라고 단어는 바뀌지만, 실제로는 '결정'이라는 말이 맞을 것이다. 하지만 '결정'의 문서가 남아있지 않다면 '요청'이라도 문제가 되지 않는다.

두 번째로 문제가 된 것은 "위안부 모집 때 군의 관여"였다. 한국 측은 "군 또는 군의 지시를 받은 업자"가 모집에 임하였다는 문구를 제안하였음에도 불구하고, 일본 정부는 모집은 "군이 아니라 군의 의향을 받은 업자가 주로 이를 시행하였기 때문에 군을 주체로 하는 것은 받아들일 수 없다. 업자에 대한 군의 지시는 확인할 수 없다"고 주장했다. 이는 한국 측의 인식이 옳다고 생각한다. 제2장에서 검토했지만, '대동아전쟁'이 시작되면 남방군이 타이완군·조선군에게 요청하여 업자를 통해 위안부를 모집했기 때문에 군이 제1의 주체인 것은 부정할 수 없다. 정부가 이때 모은 자료 중에 남방총군이 타이완군사령관에게 보르네오행 "위안부 원주민 50명을 될 수 있는 한 파견할 것"을 요청하는 자료가 있었다는 것은 이미 소개했다. 중일전쟁기에도 군과 관헌이 모집에 관여했다는 것을 보여주는 자료가 (나) 자료에 포함되어 있다. 물론 군이 직접 여성을 모으는 일은 하지 않았기 때문에 최종적으로 모집은 "군의 요청을 받은 업자가 이에 임하였다"는 표현으로 정리한 것은 타당하다고 할 수 있다.

세 번째로 문제가 된 것은 "위안부 모집을 할 때의 강제성"이다. 한국 측은 "한국 국민에게 일부 위안부는 자발적으로 위안부가 되었다는 인상을 주어서는 안 된다"고 주장했다고 한다. 고노 담화는 모집에 대해 "감언·강압에 의하는 등 본인의 의사에 반해 모집된 사례"의 존재를 지적하고, 위안소에서의 생활이 "강제적인 상황 아래"에 있었다는 것을 강조했다. 그리고 식민지 지배하의 조선에서는 "대체로 본인들의 의사에 반해 이루어졌다"는 문구를 추가했다. 균형 잡힌 올바른 인식이라고 생각한다.

고노 담화 작성 과정에서 한일의 교섭과 토의는 유익했다고 생각한다. 고노 담화는 한일 협력의 산물이라는 것 또한 적극적으로 평가해야 한다.

## 고노 담화의 내용

1993년 8월 4일 제2차 조사 결과와 함께 고노 관방장관 담화가 발표되었다. 그 핵심은 다음과 같다.

위안소는 당시 군 당국의 요청에 의해 설치·운영된 것이고 위안소의 설치·관리 및 위안부의 이송에 대해서는 구일본군이 직접 또는 간접적으로 이에 관여했다. 위안부의 모집은 주로 군의 요청을 받은 업자가 임하였지만, 그 경우에도 감언·강압에 의하는 등 본인들의 의사에 반하여 모집된 사례가 많고, 나아가 관헌 등이 직접 이에 가담한 적도 있다는 것이 밝혀졌다. 또한 위안소에서의 생활은 강제적인 상황하에서 참혹했다. … 당시의 한반도는 우리 나라의 통치하에 있었고, 그 모집·이송·관리 등도 감언·강압에 의하는 등 대체로 본인의 의사에 반하여 이루어졌다.

여기에서 내세운 인식을 한국 정부 대책반의 중간보고서와 비교하면, 군의 요청에 의한 설영設營, 설치·관리·이송에의 군 관여는 두 보고가 완전히 일치한다. 모집에 대해 "관헌 등이 직접 가담한 적도 있었다는 것이 밝혀졌다"는 이 표현은 한국 측의 보고서에 적힌 요시다 세이지 관련 "인간사냥이 시행되었다"는 기술에 기초한 것이 아니었다. 이는 일본군'위안부' 할머니의 증언으로부터 납치 사례를 들은 것을 인지한 것이다. 진중하고 타당한 정리라고 볼 수 있다. 위안소에서의 참혹한 생활에 대한 인식은 한국 측 보고서와도 일치한다. 타당한 판단이다.

담화는 이렇게 심화된 인식을 전제로 하여 이미 표명된 사죄와 반성을 재확인했다.

어쨌든 간에 본 건은 당시 군 관여하에 다수 여성의 명예와 존엄에 깊은 상처를 입힌 문제다. 정부는 이 기회에 다시 그 출신지의 여하를 묻지 않고 이른바 종군위안부로 수많은 고통을 경험하고 심신에 걸쳐 치유하기 어려운 상처를 입은 모든 분들에 대해 마음으로부터 사죄와 반성의 뜻을 표명한다.

고노 담화는 획기적인 역사인식을 보여준 일본 정부의 성명이었다. 한일조약체제의 기초가 되는 역사인식에 커다란 수정의 칼을 들이댄 것이라고 할 수 있다.

또한 담화를 읽은 고노 관방장관은 이어지는 질의응답에서 강제연행의 사실이 있었다는 인식인가라는 질문에 "그러한 사실이 있었다고 해도 좋다"라고 답변했다. 나는 고노 관방장관이 염두에 두고 있었던 것은 전체적인 강제성에 있었다고 본다. 그가 "어느 쪽이든 여기에 적은 대로 본인의 의사에 반해 끌려갔다는 사례가 많이 있다", "모집된 후의 생활에 대해서도 본인의 의사가 인정되지 않는 상황이 있었다는 것도 … 분명히 밝혀져 있다"라고 언급하고 있는 부분에 진의가 있다(일본 정부 검증보고서).

일본 국민은 이 성명 발표를 담담하게 받아들였고, 정부의 행동을 지지했다고 생각한다. 자민당 내부에는 이 담화에 반대하는 세력이 있었다고 생각하지만, 당시 고노 요헤이가 5일 전 자민당 총재 선거에서 막 승리하였기 때문에 누구도 반대의 목소리를 낼 수 없었을 것이다. 생각해보면 흔하지 않은 조건이 겹치면서 고노 담화가 탄생할 수 있었던 셈이다.

## 고노 담화 발표 직후의 반응

한국 정부는 그날 유병우 외무부 아시아국장 담화를 통해 "일본 정부의 노력을 평가하고 받아들인다", "우리 정부의 입장을 상당한 수준까지 반영한 것이다", "군대위안부 문제는 앞으로 더 이상 한일 간의 외교 현안으로서는 제기하지 않는다는 것이 정부의 방침이다"라고 밝혔다.[61]

언론은 고노 담화를 호의적으로 받아들였다. 『요미우리신문』은 8월 5일, 해설기사 「종군위안부 문제 일단락, 한일 신시대 구축에 불가결」[62]을 실었고 "이번 보고서는 일본 정부가 시간을 들여 스스로의 역사인식 아래 결론을 도출했다. 이런 의미에서, 한국 측이 큰소리로 일본을 단죄하고 일본 측이 '냄새 나는 것에 뚜껑을 덮는' 식으로 대응한 종래의 문제 처리와 다른 것은 평가할 만하다"고 했다. 『아사히신문』은 8월 5일 1면 머리기사에 「위안부 '강제' 인정하고 사죄, '대체적으로 의사에 반했다'」[63]는 대제목을 내걸고 보도했다. 사설도 "대체적으로 본인의 의사에 반해서 이루어졌다고 … 담화는 말하고 있다. 피해자의 명예회복으로의 전진이다"라고 평가하고 있다. 그리고 더욱더 사실조사와 자료탐색, 특별부국의 신설, 반성과 사죄의 선언, '보상해야 할 것은 보상한다는 태도'의 명시를 신국회, 신정부에 요청했다.

예외적이었던 것은 『산케이신문』이었다. 8월 5일에 「모든 것이 강제였다는 것인가」라는 제목의 기사를 싣고 "다시 한 번 전쟁이 여성에게 강요한 참화에 가슴이 아프다"고 쓰면서도 "강제연행에 대해서 무엇을 증거로 이러한 결론을 도출하였는지 결코 분명하지 않다"고 하고 있다. 6일의 「산케이초産経抄」도 "정부 조사보고서를 보고 놀랐다. '강제연행'과 '강제적인 상황하에서의 참혹한 것'은 자료에 보이지 않는다. 그럼에도 불구하고 그것을 '역사의 진실'로 단정하는 근거는 무엇인가. 그리고 왜 정권 마지막 날에 허둥지둥 발표했는가"라고 썼다.

그러나 한국의 운동단체는 비판적이었다. 정대협은 「일본정부의 강제 종군위안부 문제 제2차 진상조사 발표에 대한 우리의 입장」이라는 성명을 발표하고, 고노 담화를 강하게 비판했다. 위안부 모집의 강제성 인정 방식이 "지극히 애매한 부분적인 인정"이고 모집의 주체를 업자로 하고 있다고 비판했다. 실제로는 1939년 이후에 "적극적으로 군·관이 모집에 모습을 드러냈고,

1940년 이후부터는 국민총력조선연맹이라는 기관을 통해 군·관·민이 공동으로 적극적으로 강제모집에 나선 명백한 자료가 있다"고 주장했다. 하지만 이것 또한 의심스러운 주장일 뿐이다. 그렇다 해도 강제연행과 관련하여 정대협도 이 시점에서 요시다 증언을 인용하여 발표하는 일은 없었다.

정대협은 성명을 통해 미야자와 정권은 위안부 문제 해결을 위해 졸속 정리를 하지 말고 다음 정부가 법적 책임을 명확히 하며, 진상조사를 더욱 진행시킬 것을 요구했다. 또 정대협은 앞으로 '제네바의 유엔 인권소위원회에 국제법에 기초한 진상조사와 배상, 책임자 처벌을 요구한다. 정대협의 진상조사특별위원회(위원장 강만길 교수)를 발족시킨다. 일본 검찰에게 책임자 처벌의 고발장을 제출한다. 정대협의 7대 과제 달성을 지향한다'고 발표했다.

고노 담화가 발표되었을 때 한국의 운동단체가 한일 정부 협력에 의한 진상규명에 반발하고 제네바 유엔기관, 국제법 논의와 연결하여 일본 정부가 확립한 위안부 문제 인식을 소극적으로 평가한 것은 안타까운 일이었다. 여기에서 넓어진 거리가 나중에 일본 정부 조치의 평가를 둘러싼 대립으로 이어지는 셈이다.

제4장

# 아시아여성기금은
# 어떻게 탄생했나

고노 담화에서 보여준 위안부 문제 인식과 사죄에 기초하여 일본 정부가 내놓은 피해자에 대한 조치가 아시아여성기금 설치와 그 사업이었다. 고노 담화가 일본 정부의 이례異例적인 담화였다면, 아시아여성기금도 일본 정부가 처음 시도한 이례적인 실천이었다. 아시아여성기금은 출발 당시 혹독한 비판을 받았기 때문에 괴로운 상황에서 조심스럽게 사업을 진행해 나갔다. 나는 아시아여성기금에 처음부터 관여했던 당사자지만, 여기에서는 그러한 입장에서 벗어나 아시아여성기금 탄생에 관한 이야기를 하려고 한다.

### 취해야 할 조치의 검토

고노 담화를 발표한 지 이틀 후인 1993년 8월 6일 성립한 호소카와 모리히로細川護熙 정권은 최초의 비자민非自民 연립정권이었다. 고노 담화에 근거하여 취해야 할 조치를 생각하고 실행하는 것은 이 신정권이 계승한 과제였다.

제1여당인 사회당은 신정권에 6명을 입각시켰다. 안보 자위대 문제에 대해 어떤 정책 수정도 없이 정권을 맡는다는 것은 무책임한 행동이다. 사회당의 의원들과 지지자들은 이에 대한 자각이 없었고 준비가 되어 있지 않았다. 사회당의 전후보상문제 위원회 위원장 이가라시 고조五十嵐広三는 건설대신으로 입각했다. 거기에서 자민당 정권을 지탱해 온 관료집단과 처음으로 일을 하게 되었다. 사회당 출신 대신들은 정부에 들어가 행정이라는 벽에 부딪히고 나서 또다시 국가를 통치하는 일의 어려움에 괴로워하게 되었다.

호소카와 총리는 8월 10일 기자회견에서 앞의 대전에 대해 "내 자신은 침략전쟁이었고, 잘못된 전쟁이었다고 인식하고 있다"고 확실하게 인정하여, 많은 국민에게 갈채를 받았다. 8월 23일 시정방침 연설에서도 "과거 우리 나라의 침략행위와 식민지 지배"를 말하고, "깊은 반성과 사죄의 마음"을 표명했다. 총리의 발언은 그야말로 획기적이었다. 그러나 다음 날인 24일에는 재빨리 "전후보상문제는 전혀 생각하고 있지 않다", "평화조약 등 관련 조약에 따라 성실하게 처리해 오고 있다", "이러한 법적 견해에 대해 수정하는 것은 생각하고 있지 않다"고 답변했다. 이는 관료가 준비한 답변을 그대로 말한 것이라고 생각한다. 이 발언은 그다지 보도되지 않았고, 사람들의 주의를 끌지 못했지만, 호소카와 내각이 위안부 문제에 대해 어떤 조치도 취하지 않겠다는 선언은 내각의 사회당 대신에게 충격을 주었다고 생각한다. 사회당은 호소카와 총리를 비판하지 못하고 침묵했다. 따라서 고노 담화에 기초하여 위안부 피해자에게 취할 조치를 생각하는 것은 내각 외정심의실과 외무성의 과제로 주어졌다.

미야자와 내각 때인 1992년 제1차 조사 보고 당시는 적십자를 통해 인도적인 지원을 실시하는 것을 생각하고 있었다(일본 정부 검증보고서). 호소카와 정권이 들어서고 나서 1993년 국회에서 사회당 의원이 질문하자, 야나이 순지柳井俊二 외무성 총합외교정책국장은 검토 중이라고 답변했다. 1994년 4월, 호소카와 내각이 하타 내각으로 바뀌고, 사회당과 사키가케는 연립을 이탈했다. 하타 내각 때도 국회에서는 야나이 국장이 변함없이 검토 중이라는 답변을 되풀이했다. 그러나 1994년 6월 자민당·사회당·사키가케 3당 연립의 무라야마 내각이 탄생한 때는 외무성을 중심으로 한 행정 당국이 총액 1,000억 엔의 전후 50주년 기념 평화우호교류사업계획을 마무리하고 있었다. 위안부 피해자에 대한 조치는 생각하고 있지 않았다. 그 사이에 일부 사회당 의원들과 함께 민간 지식인들이 위안부 피해자를 위한 기금 설치 구상에 대해 논의하고 있다는 사실을 알게 되었다.

## 무라야마 내각 성립 이후

　　무라야마 내각의 관방장관은 이가라시 고조였다. 그는 사할린 잔류 한국·조선인 문제에 관여한 경험을 가진, 사회당의 전후보상문제 대응의 중심인물이었다. 자민당·사회당·사키가케 연립정권의 핵심 지위에 있었던 그는 사회당이 생각해 온 전후보상의 실현은 불가능하다는 사태를 받아들이고 있었다. 그러나 외무성의 전후 50주년 기념 평화우호 교류사업계획에 지지를 표명하는 동시에 위안부 문제를 위한 보상을 대신할 조치는 어떻게 해서라도 추진할 생각이었다. 그래서 생각한 것이 기금을 만들고, 정부자금과 민간모금을 합하여 피해자에게 일시금을 지급한다는 구상이었다. 고노 담화를 발표한 고노 요헤이는 자민당 총재로 외무대신, 사키가케의 당수 다케무라 마사요시武村正義는 대장대신이었기 때문에 이가라시 관방장관은 그들과 협의를 계속했다. 그러나 정부자금을 국민모금과 합쳐서 피해자에게 지급하는 것에 대해서는 행정 당국도 연립 주역인 자민당도 강하게 저항했던 것 같다.

　　그런데 이러한 협의가 시작된 단계에서 정부, 행정 당국 어디에서 비밀이 새나갔는지 모르겠지만 1994년 8월 19일 『아사히신문』 1면 머리기사로, 무라야마 신정권이 합의한 것은 '전 위안부에게 '미마이킨見舞金', 민간모금으로 기금 구상, 정부는 사무비용만'이라는 커다란 제목으로 기사가 나갔다. 미마이킨은 한국어로 '위로금'으로 번역된다. 사죄의 의미가 전혀 포함되지 않는다.

이 기사가 만들어 낸 인상은 치명적이었다. 관부<sup>關釜</sup>재판[64] 법정에 서기 위해 일본을 방문 중이었던 이순덕<sup>李順德</sup> 할머니는 이 기사에 대한 설명을 듣고 얼굴이 새빨개져서 화를 내며 "나는 거지가 아니다. 여기저기서 모은 동정금은 필요 없다"고 외쳤다고 들었다. 이 말을 들은 관부재판을 지원하는 모임의 사람들은 다음 날 후쿠오카에서 정부구상 반대 기자회견을 개최했다. 22일에는 도쿄에서도 국내외 28개 단체가 "민간기금으로 '미마이킨'을 지급한다는 구상"의 철회와 개인 보상을 요구하는 성명을 발표했다.

이가라시 관방장관은 이때 즉시 기자회견을 하여 미마이킨 등은 생각하지 않고 있다고 단호하게 부정해야 했다. 그러나 여론은 그러지 않았다. 아직 아무것도 정해지지 않은 단계였는데도, 고노 담화에 기초하여 정부가 생각하고 있는 것은 미마이킨이라는 딱지가 일찌감치 붙여져, 그것을 떼어버리지 못하게 된다.

8월 31일 무라야마 총리는 전후 50년을 향한 '총리 담화'[65]를 내고, 전후 50주년 기념 평화우호교류사업계획을 발표했다. 위안부 문제에 대해서는 "폭 넓은 국민 참가의 길을 탐구하겠다"고 말했지만, 운동단체는 '민간모금으로 미마이킨을 지급하는 구상'을 총리가 확인한 것이라고 받아들였다.

## 3당 프로젝트와
## 위안부문제등소위원회

10월부터 11월 초까지는 이가라시 관방장관이 정부와 민간이 반반씩 분담하여 위안부기금을 만든다는 구상을 단념하도록 내몰리는 상황이었다. 표면적인 움직임은 정권 내부의 협의가 여당 '전후 50년 문제 3당 프로젝트팀'에서 시작되었다. 이 팀의 첫 모임은 9월 8일이었다. 공동 좌장은 자민당의 도라시마 가즈오虎島和夫, 사회당의 우에하라 고스케上原康助, 사키가케의 아라이 사토시荒井聰가 맡았다. 이 팀에 '종군위안부문제등소위원회'가 설치되어, 10월 21일에 첫 모임이 열렸다. 소위원회 위원장에는 자민당의 다케베 쓰도무武部勤, 위원은 자민당 스미 히로시住博司, 유족회 출신 가노 야스狩野安, 사회당 하야카와 마사루早川勝, 다케무라 야스코竹村泰子, 사키가케 다나카 고田中甲였다.

11월 8일에는 소위원회에서 의견 청취를 했는데, 가미사카 후유코上坂冬子, 와다 하루키和田春樹, 다나카 히로시田中宏, 우에스기 사토시上杉聰가 참석했다. 나는 "전쟁에 관한 반성의 뜻을 담은 국회결의를 할 것과 종군위안부였던 한 사람 한 사람에게 총리의 사죄문을 보내는 것"이 필요하다고 주장했다. 그 위에 "국가 정부의 사죄를 국민 전체의 반성이라는 형식으로 표명"하기 위해서 "정부와 국민이 함께 참가하는 사업 운동"이 전개되어야 한다고 말했다. 내가 강조한 것은 다음과 같다.

국민 참가에 의한 기금을 창설하는 것은 국회결의 및 총리의 사죄와 연계하는 것을 조건으로 찬성한다. 명칭은 '전후 50년 기금'으로 하는 것이 좋다. 평화기금이라고 하면 가벼운 느낌이 들어서 깊은 반성에 어울리지 않는다. 기금은 특별입법으로 설립하고 정부자금과 국민거출금으로 구성한다.

이 생각은 10월 초『쇼군諸君!』11월호에「전후보상과 국가의 품격」을 실은 오누마 야스아키大沼保昭의 생각에 가깝다. 오누마는 전후 50주년 사업으로 '전쟁과 식민지배에 대한 보상을 위한 기금'을 만들 것을 제안했다. 그러나 이러한 주장은 이미 실현 가능성이 없었다.

11월 30일『마이니치신문』반면 광고 "일본군이 저지른 죄는 일본 정부, 보상하기 바란다-우리들은 '민간기금'에 의한 미마이킨이 아니라, 일본 정부의 직접 사죄와 보상을 요구하고 있다"가 실렸다. 8월 19일자『아사히신문』1면 머리기사에 격분한 사람들이 3당 프로젝트 움직임에 깊은 우려를 갖고, 11월 15일 600만 엔을 빌려서라도 전국지에 의견광고를 내자고 결단한 성과였다. 먼저 김학순·이순덕·송신도 할머니, 필리핀의 레이에스 등의 '민간기금, 미마이킨'을 반대하는 목소리와 국내외 29명의 발기인과 10개 단체(정대협, 태평양전쟁희생자유족회, 리라 필리피나 등)이 서명한 주장을 실었다. "일본군이 저지른 죄와 책임은 일본 정부가 져야 합니다. '민간기금에 의한 미마이킨'이라는 발상은 일본의 국가 책임을 애매모호하게 하는 것입니다"라는 주장은 피해자들과 국내외 운동단체의 일치된 반대 의견의 가장 기본적인 표명이었다. 이 광고에도 이가라시 관방장관은 침묵을 지켰다.

위안부문제등소위원회에서는 12월 2일 마침내 다케베 위원장이 소위원회 보고의 다케베 시안을 내놓았다. 여기에서 먼저 고노 담화의 인식이 확인되고, "사죄와 반성의 마음"을 표하고, "도의를 중시하는 국가로서의 책임을 다한다"고 언급했다. 이어 다음과 같이 기술되어 있다.

이른바 종군위안부 문제를 포함하여, 앞의 전쟁에 관련된 배상, 재산·청구권 문제에 대해 일본 정부는 샌프란시스코평화조약, 2국간 평화조약 및 기타 관련 조약 등에 따라 성실하게 대응해 오고 있다. 예를 들어 한국과의 관계에서 말하자면, 1965년의 협정에 의하면, 한일 양국 및 그 국민 사이의 청구권에 관한 문제가 완전하고 최종적으로 해결된 것이 확인되었다. 따라서 국제법상으로도 외교상으로도 이 문제에 관해 일본 정부에 의한 국가 간의 배상은 할 수 없다. (밑줄은 저자)

이 시안에서 "우리 나라(일본)는 도의적 입장에서 책임을 다하기" 위하여, "국민적인 속죄를 표하기" 위하여, 국민 참가하에 기금을 만들어, 기금이 전 위안부에 대한 조치를 취한다고 되어 있다. 피해자에게 전달되는 부분은 정부거출이 아닌 민간기금에서 거출한다고 되어 있다. 정부는 기금에 '최대한 협력'하지만, NGO 지원 등 관련 사업을 위한 거출에 한정하는 것으로 되어 있었다.

12월 5일 사회당 위원 2명은 이 다케베 시안에 반대하는 의견서를 정리했다. 요점은 "'국가의 도의적 책임에 근거를 둔 보상으로서, 피해자·유족이 납득할 수 있도록 개인적인 급부를 하도록 노력한다'는 것으로 집약할 수 있는 정리 방법을 강구할 것"을 요구하는 것이었다. 다케무라 야스코 위원은 내 의견을 물었는데, 나는 다케베 시안 문구 중 밑줄을 그은 부분은 어떻게 해서라도 삭제해 달라고 부탁했다. 지금은 한정적인 형태로 출발한다고 해도 장래의 확대, 변화 가능성을 미리 틀어막으면 안 된다고 생각했기 때문이다.

12월 7일 소위원회에서 사회당 위원의 노력으로 문제의 문장은 삭제하기로 했다. 그러나 "피해자·유족이 납득할 수 있도록 개인적인 급부를 행한다"라는 사회당 의견은 채용되지 않았다. 그대로 3당 프로젝트 본회의로 넘어갔다.

오전 11시부터 시작된 본회의에서도 결론을 내리지 못하고, 오후 1시부터는 3명의 좌장 회의를 거쳐, 오후 4시에 본회의를 재개했다. 거기에서 다음 문구가 나왔다. "정부가 개인보상을 할 수 없다는 것은 소위원회에서 확인되었다. 또한 정부의 거출에서는 위안부 개인에 대한 급부는 불가능하다."사회당 의원은 특히 뒷부분에 반대했다. 오후 5시 40분 또다시 회의가 중단되고, 3명의 좌장은 관방장관실로 향했다. 거기에서 이가라시 관방장관도 포함해서 타협이 이루어졌을 것이다. 마지막 양해는 이렇게 이루어졌다.

> 기금에 대해서는, 깊은 반성의 입장에서 성의를 표한다는 생각으로 정부와 민간이 힘을 합한다. 위안부 분들께 개인 지급을 하는데, 현재 생각하는 한에서는 정부가 거출하는 것은 곤란하다. 앞으로 정세 변화도 있고, 그때는 충분한 대응을 한다.

아마도 이 양해 때문에 소위원회 보고가 '이른바 종군위안부 문제에 대한 제1차 보고'라고 불리게 되었을 것이다. 사회당 위원들은 개인적인 급부에 정부자금도 포함시키는 것을 끝까지 주장했지만, 관철되지 않았다. 보고서에는 정부는 "도의적 입장에서 그 책임을 다한다", "사죄와 반성의 마음으로 국민적 보상을 나타낸다", "국민 참가하에 기금을 설치한다", "정부는 거출을 포함하여 가능한 한 협력한다"는 것이 언급되었다. 분명히 표현은 애매하게 되어 있다.

12월 7일 소위원회 보고서가 발표되자 운동단체는 강하게 비난하고 '백지 철회'를 요구했다. 도쿄의 15개 운동단체로 구성된 일본군'위안부'문제행동네트워크는 12월 20일 보고서의 백지 철회를 요구하며, "정부에 의한 진상규명에 토대를 둔 개인에 대한 사죄와 보상이 이루어지는" 것을 바란다고 했다.[66] 관부재판을 지원하는 모임에서도 하나부사 도시오花房俊雄 대표는 기관지에 "다시 민간기금의 백지 철회를 요구한다"는 글을 싣고, 자료의 전면 공개, 위안부와 연구자가 참가하는 국회 공청회 개최, 사죄의 국회결의, 사죄배상법 제정, 피해자 개인에 대한 사죄와 보상을 요구했다.[67]

## 전후 50년의 해에

마침내 전후 50년 1995년이 밝았다. 이때 일본 정계는 전후 50년 국회결의를 어떻게 할 것인지로 격렬하게 다투고 있었다. 전년 12월 1일 결성된 자민당 내 보수파 의원 모임인 '종전 50주년 국회의원연맹'이 급속히 회원을 늘리고 있었다. 창립 당시 57명이었는데, 1월 말 처음 총회 때 143명으로 늘어났다. 자민당 소속 국회의원 296명의 거의 반을 차지했다. 회장 오쿠노 세이스케, 사무국장 이타가키 다다시와 같은 간부의 면면은 예상할 수 있었지만, 사무국 차장에 국회의원 1년생인 아베 신조가 이름을 내민 것에는 많이 놀랐다. 이 의원연맹은 "쇼와昭和의 국난에 직면하여 일본의 자위자존과 아시아 평화를 바라며" 죽은 전몰자에게 감사하는 입장에서, 앞의 대전에 대해 "후세에 역사적 화근을 남길 수 있는 국회결의"를 허락하지 않겠다고 주장했다. 오쿠노 의원연맹은 3월 1일에 회원수가 174명으로 늘었는데, 자민당 소속 의원이 3분의 2를 차지하는 놀라운 상황이 벌어졌다. 이 단계가 되자, 한국에서도 우려의 목소리가 나오기 시작했다.

이러한 상황에서 이가라시 관방장관은 4월 7일 마침내 '여성을 위한 아시아평화우호기금(가칭)' 설립 방침과 준비상황을 발표했다. "국민 참가로 이루어지는 모금활동과 그 후 이것을 토대로 위안부였던 분들에 대한 대응을 포함하여, 여성의 명예와 존엄에 관한 여러 사업을 일괄하여 실시한다"고 설명했다. 다음날 『아사히신문』은 '다음 달 중에 새로운 단체, '미마이킨' 연내를 목표로'라는 제목으로 이 발표를 보도했다. 불신과 회의가 소용돌이치는 가운데, 정부의 적극적인 사죄 자세, '보상' 실시 자세를 설명하려는 노력이 보이지 않았다.

한편, 이가라시 관방장관은 전일본자치단체노동조합(약칭 자치노) 등의 압력을 받아 위안부 문제 기금에 정부자금을 포함시키는 대책을 다시 강구했다. 신임 후루카와 데이지로古川貞二郎 관방부장관의 시사를 받아 의료복지 지원 형태로 정부자금을 피해자를 위해 사용한다는 방안을 채용했다. 이것은 당초 위안부 피해자를 위해 의료복지 지원을 하는 단체에 기금을 통해 정부자금을 제공하는 방안으로 고려되었다.

## 기금의 출발

기금은 모금단체가 모금하기로 구상했기 때문에 모금을 호소할 사람이 필요했다. 이가라시 관방장관, 다니노 외정심의실장은 발기인을 의뢰하는 데 힘을 쏟았다. 먼저 14명이 동의했다. 기금은 재단법인이기 때문에 이사회가 중심이다. 이사장은 전 참의원 의장 하라 분베에原文兵衛, 부이사장 대행은 아리마 마키코有馬真喜子, 이사에는 전 도쿄도부지사 가네히라 데루코金平輝子, 전 『아사히저널』 편집장 시모무라 미쓰코下村滿子, 전 싱가포르대사 야마구치 다쓰오山口達男 등이 임명되었다. 이것만으로는 움직이지 않기 때문에 운영심의회가 만들어졌다. 위원장은 국제법의 요코다 요조橫田洋三, 위원은 변호사 하야시 요코林陽子, 자치노 국제국장 나카지마 시게루中嶋滋, 쓰다주쿠津田塾대학 교수 다카사키 소지高崎宗司, 쥬몬지十文字여자대학 교수 하시모토 히로코橋本ヒロ子, NHK의 아에바 다카노리饗庭孝典 등이 취임을 약속했다.

전후 50년 국회결의는 엉망인 채로 실현되었다. 오쿠노 의원연맹파와 신진당이 결석한 가운데 자민당 146명, 사회당 58명, 사키가케 16명만으로, 찬성 230명의 단순 다수로 채택되었다. 내용은, 세계의 근대사에서 '식민지 지배와 침략적 행위'가 많이 벌어졌고, 우리 나라(일본)도 그렇게 해서 아시아 여러 나라의 국민들에게 고통을 끼친 것에 대해 깊은 반성의 뜻을 표명한다는 것이다. 격조는 낮지만 간신히 반성을 포함시킨 내용이 되었다.

이 한심한 국회결의 채택이 있고 4일 후인 6월 13일, 이가라시 관방장관은 기자회견을 개최하여 '여성을 위한 아시아평화우호기금'의 출발을 발표하고, 발기인의 면면을 밝혔다. 존경받고 있는 여성들인 미키 무쓰코三木睦子 전 총리 부인, 아카마쓰 료코赤松良子 전 노동대신, 오다카 요시코大鷹淑子(야마구치 요시코山口淑子) 전 참의원 의원, 변호사 노나카 구니코野中邦子·시모무라 미쓰코下村滿子·오키타 히사코大来寿子, 여배우 미야기 마리코宮城まり子, 대학교수는 에토 신키치衛藤瀋吉 도쿄대학 명예교수, 다카하시 요시가쓰高橋祥起 도쿠시마분리德島文理대학 교수, 오누마 야스아키大沼保昭, 와다 하루키和田春樹, 무라야마 제1차 내각의 각료로 다이와大和증권연구소 이사장 미야자키 이사무宮崎勇, 전 외교관 스노베 료조須之部量三와 오카모토 유키오岡本行夫, 전 NHK 아나운서 스즈키 겐지鈴木健二, 일본노동조합총연합회(연합) 회장 아시다 진노스케芦田甚之助였다. 이 중에 미야기 마리코는 기금 반대 여성단체로부터 집중적인 압박을 받고 발기인을 그만두었다.

사업 내용은 다음과 같이 발표되었다.

종군위안부였던 분들을 위해 국민, 정부 협력하에 다음과 같은 일을 한다.

(1) 종군위안부였던 분들께 국민적인 쓰구나이를 실시하기 위한 자금을 기금이 민간에서 모금한다.
(2) 종군위안부였던 분들에 대한 의료복지 등 도움이 될 수 있는 사업을 행하는데, 기금이 정부의 자금으로 지급한다.
(3) 이 사업을 실시할 때, 정부는 종군위안부였던 분들께 국가로서 솔직한 반성과 사죄의 마음을 표명한다.
(4) 또한 정부는 과거 종군위안부에 관한 역사자료를 정비하여 역사의 교훈으로 삼는다.

의료복지 지원은 포함시켰지만, 설명은 매우 빈약했다. 여기서 최종적으로 민간에서 모은 자금을 위안부 피해자에게 쓰구나이긴으로 지급하는 것이 사업의 핵심으로 발표되었다. 이는 계속해서 한국의 피해자, 한국과 일본의 운동단체로부터 강한 비판을 받게 되었다.

정대협을 비롯한 한국의 22개 단체는 6월 14일 공동성명을 발표했다. 이들은 특히 새로 추가된 의료복지 지원 계획에 반발하여, "피해자와 피해국 국민을 우롱하고 명예를 짓밟는 방식"이라고 비난했다. 결론적으로 "평화우호기금 계획을 철회하고, 피해자들에게 국회결의에 의한 사죄와 법적 배상을 실시하라"고 요구했다. 총리가 사죄하는데, 정부는 사죄의 징표로 아무것도 내놓지 않는 것은 이상하다는 인상은 지울 수 없었던 것이다.

## 위안부 피해자와의 면담

6월 28일 이가라시 관방장관과 기금 발기인들이 모임을 가졌다. 그 자리에서 기금의 명칭에 대한 의견이 제출되어 '여성을 위한 아시아평화우호기금'이라는 명칭은 부정되고, '여성을 위한 아시아평화국민기금'을 정식 명칭으로 하기로 결정했다. 약칭은 아시아여성기금이 되었다.

이 무렵 나는 발기인 미야자키 이사무와 함께 위안부 피해자들을 만나 이야기를 들을 기회를 가졌다. 재일위안부재판을 지지하는 모임, 필리핀 전 '종군위안부'를 지지하는 모임, 할머니와 걷는 모임 '조각보'라는 세 개의 그룹은 당신이 아시아여성기금 발기인이 된다니 유감이다. 여러모로 생각한 결과 그렇게 했겠지만, '무엇보다 중요한 것은 피해를 받은 당사자들의 의향 아니겠는가', 피해자의 목소리를 듣기 바란다면서 면회 신청을 했다. 그리하여 이야기를 듣게 되었다.

7월 5일 유엔대학國連大學의 한 방에서 우리는 한국인과 필리핀인 위안부 피해자 8명과 대면했다. 그 가운데 3명이 말한 것을 내 기록을 근거로 복원해 보겠다. 가장 먼저 김복선이 길게 말했다. 그녀는 1993년 일본 정부 대표가 구술조사를 실시한 16명 중 1명이다.

민간기금 건은 1994년 8월에 처음 들었다. 민간기금, 미마이킨이라는 것을 들었지만 무시했다. 역대 수상이 방한하여 조기에 해결하겠다는 것을 믿고 있었다. 1995년에 무라야마 사회당 당수, 해결하려고 노력해 온 사람이 총리가 되었지만 말하는 것이 달라졌다. 그러나 자신의 뜻대로 되지 않는다는 것은 이해하고 있다. 일본 수상은 한국 대통령과는 다르다.

1991년에 김학순이 처음 이름을 밝혔다. 내 자신도 5년간 주장해 왔다. 1993년 일본 정부에서 온 사람이 16명에게 구술조사를 했다. 후쿠시마 미즈호福島瑞穂 변호사도 왔었다.

세월이 지났지만 해결은 말뿐이다. 민간기금은 불가하다. 우리들은 헌병한테 끌려간 거다. 침략전쟁이 아니었는가, 당신들한테 공창이었다는 말을 들었다. 말로 때우려는 게 본심일 거다.

우리는 거지가 아니다. 아파트도 있고 생활비도 정부에서 받고 있다. 17살 때 랑군(양곤)까지 끌려가 온갖 고통을 당했다. 민간기금은 받지 않겠다. 정부에서 한 명 한 명에게 사죄하길 바란다. 침략했다는 것을 인정하지 않으면 세계가 인정하지 않는다. 우리는 살아있는 증인이다.

하지만 벌써 몇 번이나 이야기를 해왔다. 이제 이야기하고 싶지 않다. 일본 국민과 일본 정부에 대해서도 잘 알게 됐다. 일본 정부는 다시 한 번 생각을 고치길 바란다.

다음에 말한 사람은 가네다 기미코金田君子였다. 그녀의 이름은 위안부가 된 후 붙여진 것이다.

나는 15살에 끌려갔다. 고국에 돌아와서는 부산여관에서 여급을 하며 숨어 지냈다. 한 사람 한 사람 조사를 하지 않은 것은 이상하다. 나는 북지(북중국)에 나 홀로 팽개쳐졌다. 아버지는 목사로 신사참배를 하지 않아서 체포되었고, 서대문(형무소)에서 돌아가셨다. 나는 다른 집에서 생활했는데, 일하기 위해 북지로 끌려갔다. 거기에서 짓밟혔다. 한 사람 한 사람을 조사해서 보상해 주지는 않는가. 일본 정부는 민간모금으로 끝내려고 하고 있다. 여러분들도 자신의 가족 중에 일어난 일이라면 어떻게 생각하겠는가. 정부로부터 받은 20만 원으로는 약값도 되지 않는다. 약도 먹을 수 없다. 그러나 돈은 바라지 않는다. 청춘을 돌려주길 바란다. 일본 정부는 무라야마 내각이 바뀌면 나빠진다는 것은 알고 있다. 하지만 민간기금은 받을 수 없다.

민간기금에서 위로금을 낸다고 하지만, 천황 폐하의 명령으로 한 것이 아닌가. 2,000만 원, 3,000만 원으로는 진돗개 값도 안 된다. 세계를 돌며 호소할 생각이다. 민간기금은 받지 않겠다. 천황 폐하가 한 일이 어째서 민간기금이 되는가. 일본유족회 부회장의 인터뷰를 텔레비전에서 봤다. 인간이 할 말이 아니다. 일본 병사도 전쟁터에서는 비참했다. 중국 전선에서는 팔로군을 상대로 말오줌을 마시는 생활이었다. 난징대학살, 나츠메쿄棗橋학살. 사람을 너무 바보 취급하고 있다. 죽을 때까지 싸울 생각이다. 나는 간호부로도 일했다. 병사들은 '천황 폐하 만세'라고 말하고 죽은 것이 아니다. '죽으면 야스쿠니신사의 꽃 아래서 만나자'고 말하고 죽어갔다. 이렇게 가슴을 일본 병사에게 찔린 상처가 있다. 심장도 나쁘다. 손도 뒤틀렸다. 일 년간 이름을 밝히고 나오는 것을 기다리고 있던 중에 5명이 죽었다. 일본 정부는 우리들이 죽는 것을 기다리고 있다고 밖에 생각할 수 없다. 일본 정부는 이 일을 전부 숨길 수 없다.

이 사람은 나중에 아시아여성기금 사업을 처음으로 받아들이게 되지만, 이때의 비판은 혹독했다. 그녀가 자신의 신상 이야기를 한 것은 아시아여성기금 디지털기념관에 수록되어 있다. 또 죽어가는 병사의 발언에 대한 그녀의 기억도 거기에 함께 수록되어 있다.

또 한 사람, 황금주는 다음과 같이 말했다.

우리에 대해 어떻게 생각하고 있는가. 마치 죄인처럼 불러낸다는 느낌이 든다. 벌써 10번이나 이야기를 했다. 처음 온 것은 1992년 2월이었다. 일본에서 들으러 오는 것이 당연하지 않나. 일본 정부의 이중적인 태도도 변함이 없다. 이대로라면 일본은 유엔 상임이사국이 될 수 없다. 천황이 미국에 간다면 나는 따라가서 미국에서 비판하고 싶다. 민간기금으로는 안 된다. 나는 18살에 위안부가 되어 전쟁이 끝났을 때는 25살이었다. 지린吉林성의 아무도 모르는 곳에 내팽겨져 빨리 돌아가라는 소리를 들었다. 12월 2일 서울에 도착했다. 이 몸의 상처를 보기 바란다. 일본에 오는 것은 마지막으로 하겠다. 민간기금은 듣고 싶지 않다. 일본인이 이렇게 나쁠 거라고는 생각하지 않았다. 보상을 해주길 바란다. 그러나 그 이상으로 청춘을 돌려주길 바란다. 전쟁을 일으킨 죄를 다음 세대에게 짊어지게 할 생각인가. 이제 만나서 이야기할 일도 없을 것이다.

동석했던 미야자키 이사무는 "나의 청춘을 돌려달라"는 말을 듣고, "한순간 숨이 멈춰 말도 나오지 않았다"고 나중에 회상했다.[68] 이 말이 미야자키에게는 "기금 활동의 원천"이었다고 기술하고 있다. 위안부 피해자의 말은 우리 마음을 파고들었다. 그러나 우리에게는 그들이 비판하고 받기를 거부하는 아시아여성기금에서 일을 시작할 수밖에 없었다.

## 기금의 결정구조

기금이 일반적인 재단법인이라면 사무국장, 전무이사가 제시하는 방침을 이사회가 승인하는 방식으로 진행하지만, 위안부 피해자에게 사죄와 쓰구나이 사업을 실시하는, 일본 국가가 아직 한 적이 없는 사업을 하기 때문에 통상적인 조직의 방식으로는 추진할 수 없었다. 그렇기 때문에 운영심의회를 만들고, 여기에 전문가를 모으는 일도 필요했지만, 그뿐만이 아니라 발기인 중 오누마 야스아키나 나 같이 전문성이 있는 사람들에게도 협력을 요청하게 되었다. 그 결과 발기인의 역할이 중요해졌고, 9월에는 이사회·운영심의회·발기인 3자 합동회의를 수시로 개최한다는 합의가 만들어져, 기금의 중요한 결정은 전부 이 3자 간담회 협의에 의해 결정되게 되었다. 나는 발기인에 지나지 않았지만, 기금의 중요한 결정, 중요한 문서 작성에 관여하게 되었다.

기금의 모든 회의에는 관계 부처의 대표자가 상시로 출석했고, 작성하는 문서는 전부 그들의 승인을 받는 것이 조건이었지만, 그런 상황에서도 서로 매우 유연하고 자유롭게 운영되었다고 할 수 있다.

## 윤정옥과의 협의

그 시기에 나는 윤정옥을 만나 이른바 '최후의 협의'를 할 기회를 가졌다. 이 면담 날짜에 대해 일본어판에서는 '5월 중순'이라고 했지만, 잘못된 것이다. 기록을 발견했기 때문에 수정하겠다.

나는 8월 9~10일 중앙일보사가 주최한 심포지엄에 초대되어 보고를 하게 되었다. 이때 윤정옥에게 연락해서 8월 11일에 만나줄 것을 요청했다. 기금이 이미 시작된 시기였고, 정대협은 이에 대해 비판적인 입장이라는 것을 분명히 밝혔지만, 그래도 윤정옥은 나를 만나 주었다. 윤정옥은 공동대표인 지은희·정진성과 함께 나왔다. 당시 서울대학교 사회학과 교수였던 정진성은 내가 근무했던 도쿄대 연구소의 외국인 연구원을 지낸 적이 있기 때문에 이전부터 알고 있던 사이였다. 나는 그들에게 기금 내용에 대해 설명하고 "송구스럽지만 일본의 상황에서 보면 이렇게 진행할 수밖에 없을 것 같다"고 말했다. 내 기억으로는 긴 협의의 끝에 윤정옥이 "어떻게 해서도 안 된다면 국민이 모금한 돈이라도 좋다. 정부 대표자가 사죄와 함께 그 돈을 가지고 와서 할머니들께 전달하기를 바란다. 그렇게 한다면 받아들여질 수 있다"고 했다. 지은희도 동의하는 것 같았다. 그러나 젊은 정진성은 도저히 납득할 수 없다는 입장이었다.

이 일에 대해 작년에 윤정옥을 만나 확인했는데, 그는 "내가 그런 말을 했을 리가 없다"고 말했다. 발견된 나의 기록에는 "윤정옥은 '돈은 어떤 방식으로 나와도 좋다. 정부가 사죄하고 정부가 건네주지 않으면 안 된다'고 거듭 표명했다"고 적혀 있다. 나는 기억 속의 대화를 현실이라고 받아들이고 있었다.

지금 돌이켜보면 일본 정부가 사죄를 하고 그 사죄를 표시하는 돈을 정부가 드린다는 형식이 관철되었다면, 쓰구나이긴의 재원에 대해 어느 정도 일본 사정에 따라 여러 형식을 고려할 수 있다고 한 윤정옥의 자세는 매우 중요했다. 물론 정진성의 반발도 무시할 수는 없다. 윤정옥 자신도 이 방안으로 해결이 가능할 것이라는 확신은 없었을지도 모른다. 이 방안을 실현시키는 데 일본 정부 측에 결정적으로 곤란한 점이 있었다는 것은 분명하다. 그러나 그 당시 순간적으로 열렸던 가능성의 공간에서 조금 더 대화를 하고, 그것을 살릴 수 있었다면 좋았을 것이라고 안타깝게 생각하고 있다. 대화는 어떠한 결론도 없이 끝났고, 우리는 헤어졌다.

### 호소문과 광고

발기인이 처음 한 일은 모금 호소문을 작성하는 것이었다. 오누마가 원안을 작성했다. 호소문은 다음과 같이 시작한다.

전쟁이 끝나고 나서 50년의 세월이 흘렀다.
이 전쟁은 일본 국민에게도 여러 외국, 특히 아시아 여러 나라 사람들에게도 막대한 참화를 가져왔다. 그중에서도 10대 소녀까지 포함한 많은 여성을 강제로 '위안부'로 군을 따라다니게 한 것은 여성의 근원적인 존엄을 짓밟는 잔혹한 행위였다. 이러한 여성들이 심신에 입은 깊은 상처는 아무리 우리가 사죄 해도 치유할 수 없을 것이다.

이어서 고노 담화를 언급하고, 그 사죄에 기초하여 아시아여성기금이 만들어진 사실, 기금 사업은 4개의 중심축으로 구성된다는 것을 설명한 후, "우리는 정부에 의한 사죄와 함께 전 국민 규모의 거출금에 의한 위안부제도 희생자에 대한 쓰구나이가 지금 꼭 필요하다는 신념하에" 발기인이 되었다고 밝혔다.

호소문의 문장으로는 이례적이지만, "발기인 중에는 정부에 의한 보상이 무슨 일이 있어도 필요하다. 아니다. 그러기에는 법적으로도 실질적으로도 많은 장애가 있어 조속한 실현이 곤란하다는 등의 의견 차이도 있었다. 그러나 우리는 다음 한 가지 점에 대해서는 모두 일치했다. 그것은 이미 나이가 든 희생자들에 대한 쓰구나이를 위해 남겨진 시간이 없다. 한시라도 빨리 행동하지 않으면 안 된다는 마음이다"라고 썼다. 이것은 기금에 참가한 사람들이 성의를 다해 피해자들에게 호소한 것이기도 했다.

호소문이 만들어지면 널리 호소하지 않으면 안 된다. 그 수단으로 생각한 것은 신문광고였다. 광고 작성은 외정심의실이 담당했지만, 외정심의실이 광고업자에게 의뢰한 광고안은 신문지면의 3분의 1 정도 크기의 안이었다. 이는 발기인들을 만족시키지 못했다. 발기인 중에는 신문 한 면 전부를 사용한 광고가 아니면 안 된다는 의견이 강했다. 호소문 전문이 들어가고, 총리의 인사말도 들어가야 하기 때문이다. 격론을 벌인 결과, 발기인의 주장이 받아들여져 전면광고로 하게 되었다. 호소문은 전문이 들어가고, 무라야마 총리의 인사말도 들어갔다. 발기인은 총리의 얼굴 사진과 자필 서명을 넣을 것을 요구했다. 나아가 "'종군위안부'가 되었던 분들에 대한 쓰구나이를 위하여", "나아가

오늘날의 여성문제 해결을 위하여", "기금은 정부와 국민의 협력으로"라는 세 개의 슬로건도 포함시켰다.

　이 광고는 1995년 8월 15일 『아사히신문』·『마이니치신문』·『니혼케이자이신문』·『도쿄신문』·『산케이신문』 6개 신문의 조간에 전면광고로 게재되었다. 이에 필요한 비용은 1억 3,000만 엔이었다. 정부와 아시아여성기금은 전부 위안부 피해자에게 사죄함과 동시에 쓰구나이긴을 드리는 것을 일본과 전 세계를 상대로 서약했다. 1억 3,000만 엔은 정부가 이 선에서 후퇴하는 일은 절대 없다고 하는 보증금을 쌓는 것과 마찬가지였다.

　8월 15일 아침에 이 광고가 나가고, 오전 중에 패전 50년의 무라야마 총리 담화가 나왔다. 총리 개인의 연설과 발언이 아니었다. 각의 결정에 근거한 '총리 담화'로, 식민지 지배와 침략에 대한 일본 국가의 공식적인 사죄와 반성을 표명한 것이다. 이로써 아시아여성기금은 고노 담화의 실천이자 무라야마 담화의 실천이기도 하다는 위치를 차지했다.

### 팸플릿의 작성

　모금을 위해서는 포스터도 리플릿도 필요했지만, 팸플릿도 그 이상으로 필요했다. 위안부는 누구인가, 위안부 문제는 어떤 문제인가, 그것을 설명하지 않으면 모금은 할 수 없다. 이와 함께 기금은 누구를 위해 사업을 하는가, 기금의 사업 대상인 위안부란 어떠한 사람인지를 규정하지 않으면 쓰구나이 사업이 불가능했다. 기금의 최초 팸플릿은 1995년 10월에 나왔다. 그 원안 작성은 내가 담당했다. 그 첫 부분에 나오는 위안부의 정의, "'종군위안부'는 옛날 전쟁 시대에 일본군위안소에서 장병에게 성적인 봉사를 강요당한 여성을 말한다"에 대해서는 제2장에서 설명했다.

팸플릿에는 호소문과 영어 번역이 수록되었다. 여기에서 매우 중요한 것은 기금 사업의 열쇠가 되는 개념인 '쓰구나이償い'를 'atonement'라고 번역한 것이다. 이 단어를 영일사전에서 찾으면, '속죄贖罪'라고 나온다. 매우 종교적인 단어다. 'The Atonement'라고 하면 예수 그리스도가 십자가에 못 박혀 인류의 죄를 속죄했다는 것을 가리킨다. 그렇기 때문에 도의적인 책임의식에서 행하는 쓰구나이를 설명하는 데 'atonement'는 가장 적합한 단어였다. 나중에 보는 것처럼 아시아여성기금 사업이 필리핀과 네덜란드와 같이 영어를 사용하는 크리스트교 세계에서 충분히 받아들여진 것은 이 단어가 갖는 힘이 아니었나 하는 생각이 든다.

호소문과 기금 사업에 대한 설명은 즉시 한국어·중국어로 번역되었다. 여기에서 치명적인 잘못을 저질렀다. 한국어·중국어에서는 쓰구나이를 한자어의 '補償'으로 번역했다. 한국어로는 보상, 중국어로는 부창補償이다. 즉 일본어의 보상과 쓰구나이는 한국어·중국어에서는 달리 번역되지 않고 전부 '보상'이 되어버렸다. 기금의 기본적인 콘셉트는 피해자에 대해 보상을 지불하는 것이 불가능하기 때문에 보상을 대신하는 것으로 쓰구나이긴을 지불한다. 이는 법적 책임에 대한 보상은 아니지만 도의적인 책임 인식, 사죄에 기초한 지불이다. 이러한 심정을 어떻게든 이해하고 받아들여주기를 바랐다. 그런데 쓰구나이를 보상으로 번역하면, 보상은 할 수 없지만 보상금은 지불한다는 것이 되어, 피해자 측으로서는 무슨 말을 하는 건지 도대체 이해할 수 없게 돼 버린다.

따라서 한국과 타이완에서도 쓰구나이라는 단어를 atone-ment와 마찬가지로 '贖罪(속죄)'와 '贖罪(shuzui)'로 번역했어야 했다고 생각한다. 나는 기금의 발기인 중 한국어를 이해하는 유일한 사람이었음에도, 당시에 이러한 점에 대해 전혀 주의를 기울이지 못했던 책임을 깊이 느끼고 있다. 한국과 타이완에서 기금사업이 거부당한 것은 이러한 사실과도 관계있다고 생각한다.

## 모금 동향

아시아여성기금의 모금활동은 가장 기본적인 활동으로, 기금 설립 당시부터 모든 힘을 여기에 집중했다. 1995년 8월 15일 전국지 6개에 전면광고가 나갔고, 그날 95건, 1,454만 9,933엔이 모금되었다. 그중 1,300만 엔은 지바千葉현의 한 종교단체에서 기부한 것으로, 그것을 제외하면 94건, 155만 엔으로, 100명 정도가 평균 1만 5,000엔을 기부했다. 그 후에도 지속적으로 늘어나 5,000만 엔대에 도달한 것은 9월 하순이었다. 1억 엔에 도달한 것은 12월 초순이다. 기금이 재단법인으로 인가를 받고, 모금도 지정 기부로 취급될 무렵인 12월 22일에는 1억 2,906만 9,461엔에 도달했다. 4개월을 지나 마침내 처음 사용한 광고비 액수에 도달했다.

1995년 8월 15일부터 12월 25일까지의 모금 내역은 〈표 1〉과 같다.

시민의 기부에는 메시지가 첨부되어 있었다. 거기에는 가슴을 울리는 말이 있었다. 8월 16일, 17일 받은 편지 중에서 소개를 해 보겠다.

이러한 기금이 만들어지기를 기다리고 있었다. 일본인으로 마음의 짐이 조금 가벼워지는 느낌이다. 기쁜 일이다.

시가(滋賀)현 구사쓰(草津)시 S·M(여)

우리들이 확실하게 반성, 사죄하고 과거를 확실하게 청산하고, 그 후에 미래를 새롭게 구축해야 한다. 아버지는 중국에서 종군했기 때문에 걱정이다. 국민으로서 자식으로서, 종군위안부 분들에게 조금이라도 사죄할 수 있다면 좋겠다. 매우 적지만 사용해 달라.

〈표 1〉 아시아여성기금 모금 내역(1995. 8. 15~12. 25)

| 구분 | 금액(엔) |
|---|---|
| 관청 직장 모금 | 43,832,588 |
| 기업 기부 | 429,122 |
| 조합 기부 | 112,706 |
| 정당 기부 | 10,012,924 |
| 각료, 의원 기부 | 4,655,352 |
| 기금 관계자 기부 | 3,022,060 |
| 시민 기부 | 67,004,709 |
| 1인 20만 엔 이상 | 27,335,000 |
| 1인 10만 엔 | 6,270,000 |
| 1인 10만 엔 미만 | 33,399,709 |
| 계 | 129,069,461 |

8월 15일 신문의 '호소문'에 응답하고자 한다. 소생은 미얀마 말기 작전에 참가했다. 기금의 신속한 행동과 금후의 화해와 협력을 위한 활동에 기대를 건다. 20,000엔.

남편과 나, 아이들, 조금씩 모았다. 가족 4명이 각자의 생각을 담아서 모금을 보낸다. 국가로서 보상하는 것이 본래의 모습이라고 생각하지만, 국민 한 사람 한 사람이 모금을 해서 사죄하는 의미도 역시 소중하다고 생각한다(또한 시간도 없다). 각료의 부끄러운 발언이 두 번 다시 없도록 교육에도 힘을 써 주기 바란다. 2,000엔.

그러나 모금의 총액이 늘어나지 않았던 것은 사실이다. 9월 말 모금액이 신문에 보도되었을 때, 나한테 "사죄가 전문인 여러분, 조금은 부끄러움을 알아라. 국민은 사죄를 부정했다. 이것은 의심할 여지가 없는 현실이다"라는 편지를 보낸 사람도 있었다.

1996년이 되자, 관저官邸·외정심의실·외무성은 필사적으로 모금 돕기에 나섰다. 지체되고 있던 연합 산하의 노동조합·경제계·지방자치단체에 요청을 했다. 그리하여 3월 초에 2억 엔을 돌파했고, 4월 초에는 3억 엔을 넘었다. 그리고 6월 중순에는 4억 엔대에 도달했다. 그러나 하반기에는 모금 속도가 완전히 정체되어 연말인 12월 24일 4억 6,891만 8,986엔으로밖에 늘어나지 않았다.

1996년 1년간 모금은 3억 4,000만 엔 정도 늘었지만, 그중 1억 엔이 시민의 기부로, 노동조합 기부가 9,000만 엔, 기업·상공업회의소 등의 기부가 6,761만 엔이었다. 어쨌든 모금은 매우 힘든 노력을 통해 추진되었다.

### 총리의 사죄편지

기금 설치를 발표한 관방장관 기자회견에서 기금 사업이 시작될 즈음하여 정부는 위안부 피해자에게 "국가로서 솔직한 반성과 사죄의 마음을 표명한다"고 약속했기 때문에 기금에서는 모두 총리의 사죄편지가 나오는 것이라고 믿고 있었다. 그러나 이를 둘러싸고 여러 논쟁이 벌어졌다. 1996년 1월 무라야마 총리가 사임하고 하시모토 류타로橋本龍太郎가 총리가 되자, 총리 편지는 어떻게 될지에 대해 걱정하는 사람이 나타났다. 하시모토 총리가 사죄편지를 실제로 지체시켰는지 어떤지는 명확하지 않지만, 미키 무쓰코가 발기인을 그만둔 것은 사실이다. 만약 총리의 사죄편지가 나오지 않았다면 아마 기금의 많은 관계자도 사임했을 것이다.

기금은 정부에 몇 개의 총리 편지 문안을 전달했다. 그중 하나는 내가 쓴 것이다. 그러나 그 문안은 거의 채택되지 않았고 총리의 편지는 외정심의실에서 준비한 문장으로 정리되었다. 정부의 최종안은 나를 포함하여 3명의 기금 대표가 보았고, 우리는 그것을 승인했다. 나는 '도의적 책임'이라는 단어와 '내각총리대신'의 사죄라는 단어가 들어가 있음을 확인하고 괜찮다고 판단했다.

총리의 편지는, 위안부 문제의 본질이 "군의 관여 아래 다수 여성의 명예와 존엄에 깊은 상처를 입혔다"는 것에 있다고 인정하고 있다. 그런 다음에 "나는 일본국 내각총리대신으로 … 이른바 종군위안부로 수많은 고통을 경험하고, 심신에 치유하기 어려운 상처를 입은 모든 분들에 대해 마음으로부터 사죄와 반성의 기분을 표한다"고 언급하고 있다. 그리고 "도의적인 책임을 통감하면서", "과거의 역사를 직시하고, 이를 올바르게 후세에 전달하는" 것도 약속했다. 이러한 편지를 총리대신이 서명하여 피해자 한 사람 한 사람에게 보내는 것은 잘 결단했다고 생각한다. 1997년 하시모토 총리는 인도네시아 수하르트 대통령, 네덜란드 윌렘 빔 콕Willem Wim Kok 총리에게 위안부 문제에 대한 사죄편지를 보냈다. 결단 후에는 일관된 태도를 취하여 일본 정부의 공식적인 입장을 확립하는 데 공헌했다.

기금 관계자들은 총리 편지를 읽고 정부와 국민의 입장이 한층 더 분명하게 피해자들에게 전달될 수 있도록 이사장의 편지를 첨부하는 방안을 생각했다. 그래서 총리 편지의 시안으로 내놓았던 내 문안을 기초로 이사장의 편지를 작성했다. 이사장의 편지는 다음과 같다.

지난 전쟁의 시대에 구 일본군의 관여하에 다수의 위안소가 설치되고 그곳에 많은 여성들이 끌려와 장병의 '위안부'가 되도록 강요받았다. 16, 17세의 소녀까지도 포함된 젊은 여성들이 그런 줄도 모르고 모집되거나, 점령하에서는 직접 강제적인 수단이 사용되기도 했다. 귀하가 그 희생자 중의 한 사람이라고 들었다.

그것은 실로 여성의 근본적인 존엄을 짓밟은 잔혹한 행위였다. 귀하에게 가해진 행위에 대한 도의적 책임은 총리의 서한에도 인정하는 바와 같이, 현재의 정부와 국민도 지고 있다. 우리도 귀하에게 진심으로 사과드리는 바다.

## 쓰구나이 금액의 결정

아시아여성기금 사업을 개시하는 데 있어 가장 중요한 결정은 쓰구나이긴의 액수 결정이었다. 이 검토는 먼저 운영심의회 논의에 맡겼다. 쓰구나이긴은 국민의 모금에서 낸다는 것이 기금의 기본 콘셉트였기 때문에, 모금액을 예상해서 사업 대상자 수로 나누어서 금액을 결정하는 방법밖에 없었다. 기금은 외무성이 "일시금 지급에 상대국 정부가 반대하지 않는다"고 해서 제1그룹으로 분류한 한국·타이완·필리핀을 최초의 사업 대상국으로 결정했다. 등록 인정 피해자 수는 한국 163명, 타이완 33명이었다. 필리핀은 등록도 인정도 되어 있지 않았지만, 운동단체에 참가하고 있는 피해자 수는 1995년 12월 시점에서 134명이라고 했다. 이렇게 되면, 우선 이 2개 국가 1개 지역에서 사업 대상자 수는 330명이 된다. 모금액은 1996년 4월 말에 약 3억 3,000만 엔이었기 때문에 사업 대상자 수로 나누어 보면 쓰구나이긴은 100만 엔이 된다. 그러나 운영심의회는 그러한 방식은 취하지 않기로 했다. 총리의 사죄편지를 보내는 것과 함께 정부와 국민의 쓰구나이 마음을 전달하는 데는 일정한 금액이 필요하다고 생각했다.

당시 좋은 평가를 받았던 사례는, 미국이 전쟁 중 일본계 미국인을 수용소에 집어넣은 것에 대해 연방정부가 사죄를 하고, 1인당 2만 달러, 약 200만 엔을 지급한 것이었다. 운영심의회 논의에서는 위안부였던 분들이 받은 고통은 일본계 미국인이 받았던 고통보다 무겁다고 판단하여 쓰구나이긴을 300만 엔으로 하기로 결정했다(제8회 이사회, 1996. 5. 24). 이렇게 하면, 사업 대상자가 330명이니까 9억 9,000만 엔이 필요하다. 부족한 모금액은 6억 6,000만 엔이 된다. 이 부족한 금액은 정부에서 지출할 수밖에 없다는 것이 운영심의회의 의견이었다. 이를 둘러싸고 정부 관계 부처 대표자들은 극도로 신경질을 부렸다. 운영심의회 결정을 들은 하라 이사장은 300만 엔으로 정하는 것은 무리라며 200만 엔으로 하자고 제안했다. 이사회를 열기 전에 하라 이사장은 하시모토 총리를 만나 쓰구나이긴 지불이 부족한 사태가 발생하면 정부가 책임을 져달라고 요청하여 승낙을 받았다. 이 경우는 3억 3,000만 엔이 부족하기 때문에 이것을 정부가 지출하도록 했다. 이 건에 대해서는 이가라시 관방장관이 외무장관·재무장관과 양해한 사항이었다고 회상(기)에서 기술하고 있다.[69]

이것이 1996년 6월 4일 3자 간담회, 그리고 이사회에 보고되고 제안되어 모두 이의 없이 받아들여 '200만 엔을 하회하지 않는다'라는 액수가 결정되었다. 회의에 참석한 사람들은 하시모토 총리가 부족분을 정부 책임으로 해결하겠다고 말한 것을 감동하며 들었다고 생각한다. 그러나 이 일은 이사회 의사록에 기록되지 않았다. 이사회에서 하시모토 총리의 발언은 기재하지 않는다고 판단한 것 같다.[70]

그러나 200만 엔을 지급한다고 결정한 순간에, 모금만으로 쓰구나이긴을 지급할 수 없다는 것이 명백해졌다. 국민모금으로 쓰구나이긴을 지급한다는 기금의 기본 콘셉트는 본질적인 결함이 있다는 사실이 드러났다. 기본 콘셉트는 이때 실질적으로 수정된 것과 같다.

기금 사업의 대상국에는 제1그룹 2개 국가, 1개 지역 외에 외무성이 "일시금 지급 실시에 상대국 정부가 반대하고 있는" 제2그룹으로 분류한 중국과 인도네시아가 있었고, 그 밖에도 제3그룹으로 네덜란드, 제4그룹으로 북한·말레이시아가 있었다. 그 국가들의 피해자에게도 200만 엔의 쓰구나이긴을 지급해 나간다고 한다면, 아무리 모금활동에 힘을 쏟아도 필요한 자금의 어느 정도를 충당할 수 있을지 알 수 없었다. 제2그룹부터는 전액 정부 자금에서 쓰구나이긴을 지급해야 할지도 모른다. 그렇다고 해서 기금의 기본적인 콘셉트에 반하기 때문에 제2그룹부터는 쓰구나이긴을 지급하지 않겠다는 무책임한 짓도 할 수 없는 노릇일 것이다.

그렇다면 일본 정부의 요청으로 국민적인 쓰구나이 사업을 책임지고 추진하는 공공적인 법인인 아시아여성기금은 아무리 어렵더라도 어느 시점에서 정부를 설득해서 모금으로 쓰구나이긴을 지불한다는 기본 콘셉트의 수정을 정식 결정하고, 그것을 공시했어야 했다는 생각이 이제 와서 든다. 그렇게 했다면 아시아여성기금은 총리의 사죄편지와 정부지출금과 국민모금을 합쳐 쓰구나이긴을 지불하게 되어, 정부의 보상, 배상을 요구하며 기금에 반대하고 있는 사람들을 설득할 수 있었을지 모른다. 그런 일을 촉구한 담당 기자도 있었다. 『아사히신문』의 혼다 마사카즈本田雅和, 나카자와 카즈요시中沢一議 기자는 1996년 5월 10일 지면에서, 아시아여성기금은 모금 부족으로 위기에 처했다며, "정부에 대해 도의적·정책적 판단에서 쓰구나이긴의 부족분을 지출할 것을 요구하는 바다"라고 촉구했다.

## 아시아여성기금을 반대한 사람들의 심정

기금 구상이 발표되자, 운동단체는 거의 대부분 이에 반발하여 반대 목소리를 높였다. 일본 국내에서는 혁신계인 사회당·공산당·신좌익도 전부 아시아여성기금에 부정적이었다. 『아사히신문』도 NHK도 비판적이었다. 『세카이』 전 편집장인 야스에 료스케安江良介는 나와 한국 민주화운동 연대, 북일北日 관계 타개를 위해 활동해 온 10년 동지였지만, 아시아여성기금을 부정적으로 보았다. 이 건에 대해 야스에와의 대화는 불가능해졌다. 이들은 모두 국가보상을 요구했는데, 일본 정부의 태도는 책임을 회피하는 것이라고 화를 냈다. 이것으로는 한국 사람들에게 죄송하다고 생각한 것이다. 그 심정을 잘 이해할 수 있다. 그러나 이들도, 아시아여성기금을 전부 부정해도, 앞으로 힘내서 운동해도, 일본 정부로부터 더 바람직한 조치를 끌어낼 수 있다고는 생각하지 않았다. 일본의 상황을 보면, 그것은 명백했다.

야스에와 함께 두 차례에 걸쳐 아시아여성기금 반대성명을 발표한 지식인 중에 사카모토 요시카즈坂本義和, 이시다 다케시石田雄처럼, 지식인이 선의에서 협력해서 "조금이라도 군부軍部를 좋은 쪽으로 데려가려고 했지만 어느새 군부의 톱니바퀴에 말려들어가 버렸다"는 사례를 반복하고 있다고 우리를 비판한 사람도 있었다.[71] 그러나 과거 역사에 대한 반성과 사죄를 확립하고 피해자에게 무언가 쓰구나이를 한다는 적극적인 행위를 실현하기 위해서는 정부를 움직이는 것 외에 방법이 없었다. 정부를 비판하는 것만으로 국민의 한 사람으로서 자신의 책임을 다할 수 없다고 나는 생각했다. 보수파 정치가도, 혁신적 지식인도, 일본의 국가·정부·국민으로서 피해 여성들에게 사죄와 그것을 표하는 조치를 실현할 공통 책임을 지고 있다. 중요한 것은 사람들이 보수 역행파의 결속, 그리고 그 후에 불어닥칠 그 부류의 맹렬한 역습을 예상하지 못했던 것이다. 어쨌든 사죄를 통해 위안부 문제가 해결되기를 희망했던 사람들의 분열은 매우 유감스러운 일이었다.

기금이 발족한 해 가을인 1995년 11월 6일, 전후보상네트워크 간사 아리미쓰 켄有光健과 전후보상문제에 열심히 관여한 변호사 이마무라 쓰구오今村嗣夫가 사회를 맡아, 나와 아시아여성기금을 비판하는 사람들과 토론회를 개최했다.

　스즈키 유코鈴木裕子는 "국가가 범죄라고 인정하고 배상하지 않으면 피해자의 명예는 회복되지 않는다. 국민기금으로 모든 것을 끝내 버리면 여성에 대한 성폭력을 인정하는 것이 된다"고 말했다. 나는 "정부는 '도의적인 책임'은 인정하고 있다. 따라서 국민기금은 국민투표다. 6,000만 엔밖에 모금이 안 되었다는 것은 '현재 상황에서 완전한 패배'다. 모두에게 부탁한다. 조금이라도 '기부를 하면서, 우리는 낼 의향이 있지만 국가가 내야만 한다는 편지'를 써서 보내달라"고 호소했다. 변호사 니미 다카시新美隆는 "국가의 책임은 다른 것으로 대신할 수 없다. 기금 발상 중에는 국가의 관념에 대한 '오류', '속임수'가 있다"고 비판했다. 전후보상문제에 관여해 온 다나카 히로시田中宏는 자신도 기금의 불충분한 점을 비판한다. 그러나 국민기금을 철회하라고 하면, 기금을 받은 피해자를 비난하는 것이 된다. 자신은 "그렇게까지 오만해지고 싶지 않다"고 발언했다.

　나는 다나카의 의견에 구원을 받은 느낌이 들었다. 나는 토론 중에 "이 문제는 반드시 확대된다", "쓰구나이를 위한 돈을 총리, 일본 정부의 사죄편지와 함께 개인적으로 한국과 필리핀 사람들에게 가져가면 반드시 확대된다. 그러면 국민으로부터 모은 돈으로는 할 수 없게 된다"고 말했다. 이를 실현시키는 것은 매우 어려운 일이기 때문에 비판은 알겠지만 협력해 달라고 호소했다.[72] 그러나 말할 것도 없이 합의는 얻을 수 없었다.

국외, 특히 한국에서는 아시아여성기금에 대한 비판이 강하고 일반적이었다. 그것은 당연한 일이었다고 생각한다. 그들에게 기금의 설명은 이해할 수 없는 것이었다. 기금 사업을 통해 책임에서 벗어나려는 일본 정부의 불성실한 태도만을 본 것이다. 정신대문제대책협의회는 일본 정부가 법적 책임을 인정하고 위안부 문제는 전쟁범죄라고 사죄해야 함에도 불구하고 그렇게 하지는 않는다. 또 정부가 개인에게 보상해야 함에도 국민모금을 보상 회피 명목으로 이용하고 있다고 지적했다. 피해자 할머니들은 생활고에 시달리고 있었지만, 대부분 "법적 배상과 진정한 사죄가 없는 한" 돈을 받지 않겠다고 말한다고 주장했다. 현재 기금안 이외의 조치가 불가능하다고 해도 자신들이 원칙을 굽히지 않고 싸우는 것은 국제적으로도 의미가 있고 장기적으로는 일본도 변할 것이라고 생각했다. 많은 희생과 노력을 거듭하면서 민주혁명을 달성한 한국인들은 자신들이 노력하면 일본도 바꿀 수 있다, 요구도 쟁취할 수 있다고 생각했을 것이다. 그러나 위안부 문제에 대해 부족하나마 전향적으로 대응하려 한 미야자와 정권과 무라야마 정권의 출현이 어떤 의미에서는 한국의 민주화가 일본에 영향을 주어 일본에서 간신히 만들어 낸 변화였다. 이 거리를 메우는 일은 쉬운 일이 아니었다.

제5장

# 아시아여성기금의
# 쓰구나이 사업

아시아여성기금은 설립 후 1년을 경과한 1996년 8월 필리핀에서 3명의 피해자에게 사업을 실시하면서 쓰구나이 사업을 시작했다. 한국 피해자에 대한 사업 개시는 그로부터 5개월 늦은 1997년 1월 7명에게 실시한 것이 처음이다. 타이완의 사업 개시는 그보다 4개월 더 지난 같은 해 5월이었다. 국가별 사업에서는 마지막이 된 네덜란드인 피해자 사업은 1998년 8월 기금 사업의 광고 게재를 통해 시작했다. 각 사업은 시작부터 5년간으로 종료한다고 공시되었기 때문에 2001년부터 3년에 걸쳐 순차적으로 종료했다.

이 외에 기금의 쓰구나이 사업으로는 인도네시아에서 '고령자 복지시설' 정비사업에 대한 지원이 1997년 3월 25일부터 10년간 실시되었다.

각국에서의 사업이 어떤 것이고, 어떻게 실시되어, 어떤 결과를 낳았는지 검증해 보자.

## 필리핀에서의 사업

일본군은 '대동아전쟁'이 시작되자 미국의 식민지였던 필리핀에 침입하여 곧바로 마닐라를 함락시키고 1942년 1월부터 군정을 실시했다. 필리핀 사람들은 전 국토에서 일본에 대한 저항운동을 벌였고, 일본군은 게릴라 토벌의 잔혹한 작전을 전개했다. 일본군 점령하에서 군위안소가 조기에 개설되었지만, 일부 부대에서는 필리핀 여성을 폭력적으로 납치해 와서 부대 건물에 감금하고 지속적으로 강간하는 준위안소도 널리 만들어졌다.

패전 후 일본은 샌프란시스코평화조약을 체결한 다음, 1956년 필리핀과 배상협정을 체결하고 법적 청구권 문제도 해결했다. 그러나 전시 성폭력 피해자에게는 어떤 조치도 취하지 않았다. 위안부 문제가 제기되자 대응할 처지에 놓인 일본 정부는 필리핀 위안부 피해자에게도 사죄와 쓰구나이 사업을 실시하기로 결정했다.

필리핀에서는 한국에서 위안부 피해자가 등장했다는 소식이 전해지자 인권운동가 넬리아 산초Nelia Sancho의 방송을 듣고 게릴라 대원이었던 로사 헨손Rosa Henson이 커밍아웃하고, 1992년 9월 18일 위안부로서 기자회견을 했다. 그녀가 모델이 되어, 일본군에 체포되어 감금당한 채 지속적으로 강간을 당한 준위안소 피해자들이 연이어 이름을 밝히고 나왔다. 필리핀에서는 일본군 장병에게 강간을 당한 여성이 다수 있었지만 지금까지 호소할 방법이 없었다. 그때 납치·연행되어 건물에 일정 기간 감금당했던 사람만이 자신들이 위안부가 되었었다며 일본에 요구를 제시할 기회를 얻었다. 한 번에서 수차례 강간을 당한 사람, 군위안소에 끌려온 사람은 여전히 침묵했다. 1993년 4월 로사 헨손 외 18명은 일본 정부의 사죄와 보상을 요구하며 도쿄지방법원에 소송을 제기했다.

필리핀의 일본대사관은 일찍부터 필리핀 정부와 협의하여, 아시아여성기금이 만들어지자 기금의 필리핀 담당인 아리마 마키코, 하야시 요코 등이 마닐라로 가서 넬리아 산초가 만든 피해자단체인 리라 필리피나 LILA-Pilipina와 협의했다.

필리핀 위안부는 전부 연속강간이라는 범죄의 희생자였기 때문에 활동가 넬리아 산초도 리라 필리피나의 멤버들도 한결같이 국가보상을 요구하는 입장에 서 있어서, 처음에는 아시아여성기금을 받아들이려고 하지 않았다. 그러나 마침내 피해자 중에서 로사 헨손을 선두로 아시아여성기금을 받아들이겠다는 사람이 나타났다. 그러자 새로운 결정이 나왔다. 넬리아 산초는, 쓰구나이 조치를 받아들일지, 그러지 않을지는 피해자 개인에게 결정할 권리가 있고, 받아들이겠다고 결정한 피해자에 대해서는 신청서류 작성을 돕고, 받아들이지 않겠다는 피해자는 의지를 존중해서 운동을 계속해 나간다는 태도를 취했다.[73] 이는 민주주의적인 태도로, 아마 유일하게 합리적인 방침이었다고 생각한다.

1996년 8월 13일 아시아여성기금은 필리핀 각 신문에 아시아여성기금 사업을 설명하는 광고를 게재했다.

여성을 위한 아시아평화국민기금은 이번에 앞의 대전 중에 '위안부'가 되었던 필리핀 희생자 여러분께 도의적 책임을 다하기 위하여 국민의 쓰구나이 마음을 나타내는 일시금의 지급을 실시한다 (disburse a sum of money to offer atonement from the Japanese people to meet moral responsibility to those who suffered as "wartime comfort women").

영문에서는 atonement(속죄)라는 단어가 moral responsibility(도의적 책임)라는 단어와 서로 어울려 사업의 진지한 자세를 보여줬다고 생각한다.

주목할 것은 이 광고에 총리의 사죄편지와 쓰구나이긴에 대한 것만 써있고 의료복지 지원 건은 언급하지 않았다는 것이다. 이 시점에서는 아직 의료복지 지원 방법이 결정되지 않았던 것이다.

광고는 피해자에게 신청을 호소했다. 신청자가 서류를 마닐라에 있는 기금 사서함에 보내면 서류는 필리핀 경찰청에 맡겨져 심사가 이루어지도록 되어 있었다. 필리핀 정부가 그렇게 하는 것을 받아들였다. 심사 결과 위안부 피해자로 인정되면, 대사가 총리의 사죄편지를 전달하고, 기금이 이사장의 편지와 쓰구나이긴의 목록을 전달하는 수순이었다.

광고가 나간 다음 날 이미 확정되었던 3명의 피해자인 로사 헨손, 아나스타샤 코르테스, 루피나 페르난데스Rufina Fernandez에 대한 전달식을 가졌다. 이들은 "지금까지 불가능하다고 생각하고 있었던 꿈이 실현되었다. 매우 행복하다"(헨손), "50년 이상 고통을 받아왔지만, 지금은 정의와 도움을 받아 행복하다"(콜테스)고 말했다.

그 후 의료복지 지원 방식이 결정되어, 1997년 1월 15일 아시아여성기금과 필리핀의 사회복지성이 각서(MOU)를 체결했다. 피해자 1명당 120만 엔을 필리핀 사회복지성에 위탁하고 사회복지사를 한 명 한 명의 집에 파견하여 사용처에 대한 희망을 듣고 실행하기로 했다. 의료복지 지원을 이용하여 주택을 개축하거나 길가에 작은 가게를 낸 사람도 있었다. 텔레비전을 구입하거나 전화를 설치한 사람도 있었다.

필리핀에서 신청을 한 사람은 2001년 8월 12일 신청 종료까지 518명이었다. 11월 25일까지 심사에서 각하된 사람은 180명이었는데, 최종적으로는 307명이 심사에서 각하되어 피해자로 인정된 사람은 211명이었다. 심사에서는 일정 기간 특정 건물에 감금되었다는 사실의 인정이 중시되었다. 각하된 사람도 일본군 장병에게 강간을 당한 사람들이기 때문에 결과는 상당히 불만을 남겼을 것이다.

그러나 필리핀에서는 기금의 쓰구나이 사업이 피해자들의

생활에 도움이 되고 정신적인 안정을 가져왔다는 것이 확인되었다.

## 한국에서의 사업 실시 준비

한국에서는 위안부 피해자가 모두 기금에 반대하고 정대협이 엄중한 요구를 제기하고 있었기 때문에 기금 관계자가 서울에 설명하러 가는 것조차 불가능한 상황이었다. 1996년 8월 기금 사업설명회를 서울에서 개최하게 되어 운영심의회 위원 다카사키 소지, 나카지마 시게루, 노나카 구니코와 발기인 와다 하루키가 참가하게 되었다.

이 설명회를 위해 8월 3일자로 한국어 설명문을 작성했다. 한국어로 직역하면, 아시아여성기금은 '종군위안부'로 희생당한 분들에 대한 도의적 책임을 다하기 위하여 … '사과와 반성' 및 '보상'을 요지로 하는 사업을 실시한다. 그 내용은 ① '총리의 편지' 전달, ② 국민거출금에 의한 '보상'의 일시금 전달, ③ 정부자금에 의한 '사과와 반성'을 나타내는 의료복지 지원의 실시다라고 설명하고 있다. 이 '보상'은 쓰구나이를 번역할 요량이었지만 '보상'이라는 단어가 되어버려 의미를 제대로 전달할 수 없었.

쓰구나이긴 200만 엔에 대한 설명은 한층 더 알 수 없게 되어 있었다.

국민거출금에 의한 '보상'인 일시금 200만 엔은 정부의 보상 대신에 드리는 것이 아니라 … 책임을 느끼는 일본 국민이 '보상'이라는 사업과 더불어 짊어지려는 심정을 표현하는 것이다.

중요한 것은 이 문장에서 한국에 대한 의료복지 지원 총액은 4억 엔으로 "1인당 300만 엔 규모로 실시하고자 한다"로서, 첫해에는 주택 개선 목적 등에 228만 엔 규모, 다음 해부터 5년까지는 간병 서비스, 의료품 보조로 매년 18만 엔 규모를 생각하고 있다고 설명했다.

돌이켜보면 이 안은 당시 기금 내부에서 그때까지 최종 결정된 것이 아니었다. 따라서 한국작업위원회에서 정리한 안을 결정으로 여겨 한국에 갖고 가서 설명했다. 한국의 피해자와 운동단체가 모금에 의한 쓰구나이긴을 거절하고 있었기 때문에 정부자금에 의한 의료복지 지원을 강하게 내세워 설명하고자 했다. 여기에서 쓰구나이긴 200만 엔, 플러스 의료복지 지원 300만 엔을 합쳐 500만 엔을 지급하는 것처럼 설명하게 되었다.

한국에 가서 피해자들과 만났다. 김학순 할머니 집을 방문하여 설명하자, 김 할머니는 "나는 아시아여성기금을 받을 생각이 없다"고 확실하게 말했다. 그렇게 확실하게 거부를 표명한 사람은 김학순 할머니 외에 또 한 사람이 있었다. 거꾸로 기금을 받고 싶다고 말한 할머니도 2명 있었다. 그 외 할머니들은 태도를 결정하기 어려운 것 같았다. 그중 한 할머니가 200만 엔으로는 성의를 다했다고 보기 어렵지만, 500만 엔을 일괄해서 내놓는다면 성의 있다고 인정할 수 있다고 말한 것이 강하게 인상에 남았다.

정대협은 이 설명회 개최에 반대하여 우리를 만나주지 않았다. 그러나 의료복지 지원이 300만 엔이라는 이야기는 정대협에 충격을 준 것 같았다. 정대협은 기자들에게 팩스를 보내 결정되지 않았는데 300만 엔을 현금으로 지급하는 것처럼 허위 사실을 유포하고 있다고 우리를 비난했다. 우리는 반발하고 항의문을 발표했지만, 의료복지 지원 내용이 최종적으로 결정되지 않은 것은 사실이었다. 지금 생각하면 기금 측이 지급액을 한번에 200만 엔에서 500만 엔으로 인상하여 이 금액으로 한국의 반대론을 누르려는 꼼수를 부렸다는 인상을 준 것 같다.

이 설명회 후에 나는 천안의 한국신학연구소에서 개최된 제3회 '21세기를 향한 동아시아 연대' 국제학술회의에 참가하여 아시아여성기금에 대해 보고했다. 거기에 윤정옥을 비롯한 정대협 사람들도 참가하여 격렬한 토론을 벌였다. 이 자리에서 정대협의 요청으로 한국 크리스트교회 중심인물들은 위안부 할머니를 위하여 새로운 모금운동을 시작한다고 결정했다. 이것이 1996년 10월 '일본군'위안부' 문제의 올바른 해결을 위한 시민연대(시민연대)'라는 단체의 발족으로 이어진다. 아시아여성기금에 대항하는 모금활동이 되어버렸다.

## 한국에서의 사업 실시

그런데 1996년 12월 가네다 기미코金田君子(가명)로부터 기금을 받겠다는 의사 표명이 있었고, 연초인 1997년 1월 11일 서울의 한 호텔에서 가네히라 데루코金平輝子 단장이 7명에 대한 전달식을 했다. 총리의 사죄편지와 쓰구나이긴 200만 엔 목록을 전하고 의료복지 지원 300만 엔의 실시계획을 전달했다. 이 지급은 한국 측의 강한 반발을 불러일으켰다. 한국 외교부 대변인은 '강제 실행'에 유감을 표명했다. 각 신문들도 7명의 할머니를 비난하고 가네다 기미코의 본명을 보도했다. 그나마『동아일보』이낙연 기자만 500만 엔을 받기로 한 할머니의 생활고에 동정하여, 한일 양국 정부는 외교적 대립을 하지 말고 "진지하게" 이 문제에 대응할 때가 왔고, "국내 생존 피해자는 160명이다. 이들은 계속 죽어가고 있다"고 써주었다.[74]

정대협은 이것이 기금을 통한 일본 정부의 매수 공작이라고 비난하는 성명을 발표했다. 윤정옥은 다음 해 2월 27일 발제에서 위안부 문제는 "피해자 개인 차원에서만 파악해서는 안 된다", "민족적 문제, 역사적 문제라고 하여, 죄를 인정하지 않는 동정금을 받는다면 피해자는 지원해서 나간 공창이 되는 것으로, 일본은 죄가 없어진다"고 말했다. 윤정옥에 대한 나의 경의는 그때도 지금도 변함이 없지만, 이 말만큼은 해서는 안 될 말이었다고 생각한다.

나는 한국의 위안부 피해자, 운동단체, 여론이 일본 정부의 태도에 성의가 보이지 않는다고 하여 아시아여성기금 사업에 대하여 반발하고 거부의 태도를 취해 온 것에 대해 지금은 이해하고 있다. 그러나 다른 사람도 아니고 위안부 피해자 가운데서 기금사업을 받아들이겠다는 사람이 나타났을 때, 그것이 '올바르지 않은' 행동이라고 평가한 것은 문제가 있다고 생각한다. 피해를 당한 본인이 사죄와 쓰구나이(속죄) 조치를 받아들이겠다고 결정할 수 있는 권리를 가지고 있는 것은 존중해야 한다. 물론 사죄와 쓰구나이 조치를 내놓는 측은 피해자 본인만이 아니라 그 주변 사람들도 모두 인정하여 수령을 축복할 수 있는 조치를 고려해야 한다는 것도 안다.

한국에서의 사업 실시는 한층 더 곤란하게 되었다. 예상을 넘은 강한 발발이 있었기 때문에 우리는 한국에서의 사업을 중단해야 했다.

한국 크리스트교 관계자와 존경하는 한국 민주화운동가들이 만든 '시민연대'는 1997년 5월까지 모금활동을 전개했지만, 결과는 좋지 않았다. 『한국정신대문제 대책협의회 20년사』는 다음과 같이 쓰고 있다.

결국 목표액의 절반도 채우지 못한 채 모금운동은 마무리되었고, 당시 일본군'위안부'로 신고·확인된 피해자 총 154명에게 각각 351만 7,000원의 지원금이 전달되었다. 일본의 국민기금이 피해자 1인당 500만 엔, 당시 환율로 약 4,300만 원에 달하는 '위로금'을 지급하겠다고 한 것에 비하면 턱없이 부족한 금액이었다.

그러나 우리는 다른 점에서 문제를 느꼈다. 시민연대가 모은 돈을 보내는 대상에서 아시아여성기금을 받은 7명을 제외한 것이다. 나는 참지 못하고 다카사키 소지와 함께 한국의 친구들에게 공개서한을 보냈다(1997. 5. 30). 이 결정을 듣고, 윤정옥의 글을 읽고 눈물을 흘렸을 때와 마찬가지로, "놀라움을 넘은 슬픔을 느꼈다"라고 써 보냈다. 우리는 점점 대립하는 상황으로 빠져들었다.

그러나 언제까지나 중단해서는 안 된다는 생각에 기금은 사업을 재개하였고, 1998년 1월 6일 한국의 신문(『한겨레신문』, 『한국일보』 등 4곳)에 광고를 내기로 했다. 전면광고 중앙에 "이것은 아시아여성기금의 사업이다. '위안부'로 희생당한 여러분께 일본에서 보상償い의 심정을 전한다"는 제목을 실었다. 첫 부분은 하라 이사장의 기금에 대한 설명인데, "이미 체결되어 있는 여러 조약을 전제로 하여, 일본 정부의 대응뿐만 아니라 폭넓은 국민의 참가를 요청하여 국민적인 보상償い의 마음을 나타내고자 하는 취지에서, 전후 50년이라는 역사의 시점에서 … 설립된" 기금으로, "전 '위안부' 분들에게 일본 국민의 모금으로 사과금을 전달하는 사업 및 일본 정부의 거출에 의한 의료복지 지원 사업을 실시하고 있다"고 설명하고 있다. 보상이라는 단어 뒤에 '償

い(쓰구나이)'라는 일본어를 넣었지만, 그래도 '償い(쓰구나이)'의 의미는 전달되지 않았다. '쓰구나이긴'은 한국에서는 '위로금慰勞金'으로 불렸기 때문에 '사과금謝過金'이라고 다시 번역한 것이지만, 편의주의라는 인상을 주었다.

이 광고로 기금에 신청을 한 사람은 20명 정도 있었다. 기금은 조용히 실시했다. 의료복지 지원은 한국에서 사업을 실시해 줄 단체를 찾지 못했기 때문에 일본에서 한국 위안부 피해자를 위해 '의료복지의 충실을 꾀하는' 단체, '아시아와 대화를 추진하는 모임'을 만들고, 이 모임을 통하여 위안부 피해자에게 첫해에 228만 엔, 2년도에 36만 엔, 4년도에 36만 엔으로 나누어 현금을 보냈다. 어디에 지출했는지, 영수증을 받아야 하다는 이야기가 있었지만, 그것은 불가능해서 의료복지 지원은 결국 현금 지급이 되었다.

### 김대중 대통령 시기에

그런데 그 사이 한국에서는 김대중이 1997년 12월 대통령 선거에서 당선되었다. 정대협은 아시아여성기금을 받을 피해자가 늘어날 것이라고 걱정하여, 1997년 10월부터 총액 60억 원을 목표로 한 제2차 모금운동을 시작했지만, IMF 금융위기가 발생하여 목표 달성은 절망적이었다. 바로 그때 민주세력의 대표인 김대중이 대통령에 취임하게 된 것이다. 정대협은 재빨리 김대중에게, 아시아여성기금을 받지 않겠다고 서약하는 피해자에게 정부가 지원금을 지급해 달라고 요청했다.

김대중은 일본에서 납치된 적이 있어서 그동안 일본 정부의 태도를 강하게 비판했지만, 1980년 사형 판결을 받았을 때 일본 국민이 구명운동을 한 것에 대해 깊이 감사하고, 한일관계를 개선하여 새로운 지평으로 끌어올리는 것을 대통령으로서의 사명으로 생각했다. 사람들은 그의 높은 권위와 강한 지도력에 특별한 기대를 보냈다. 나도 옛날부터 알고 지내던 김대중의 승리를 기뻐하고 새로운 대통령의 힘으로 위안부 문제로 인한 대립을 해결해주기를 바라며, 취임식 직전인 1998년 2월 14일 편지를 보냈다. "아시아여성기금의 시스템을 근본적으로 개조하는 것은 불가능하므로 위안부 피해자를 위한 위령비를 설립하기 바란다고 일본 정부에 요청해주지 않겠는가. 만약 일본 정부가 그것에 응한다면 아시아여성기금은 '불충분하지만 성의에 기초한 시스템'이라고 인정해 주길 바란다. 기금을 받고자 하는 사람에게는 그것을 인정하고, 받지 않겠다고 하는 사람에게는 '더 한층 투쟁을 지원한다'고 해주면 좋겠다"고 써서 보냈다.

내 편지는 김대중 대통령의 마음을 움직이지는 못했던 것 같다. 신정부는 신속하게 3월 18일에 위안부 문제에 대해서는 더 이상 일본 정부에 어떠한 요구도 하지 않는다. 따라서 아시아여성기금을 받지 않겠다고 서약하는 위안부 할머니에게는 정부가 일률적으로 3,500만 원(350만 엔)을 지급하기로 결정했다고 보도했다. 이 조치가 5월에 실시된 후 6월 11일 하라 분베에 기금 이사장은 한국 정부의 일시금 지급과 아시아여성기금 사업을 병행하여 실시하기를 바란다고 대통령 앞으로 서한을 보냈다. 이에 대해 도쿄의 한국대사는 위안부 문제가 더 이상 양국 관계에 장애가 되지 않도록 조치한 것이기 때문에 아시아여성기금도 일시금 지급을 중지하고 위령비 건설 등 역사의 교훈으로 삼는 사업으로 전환하기를 바란다는 회답이 있었다.

 김대중 대통령은 1998년 10월에 일본을 방문하여 무라야마 담화를 인정하고 그 취지를 반영한 한일 공동선언을 오부치小淵 총리와 함께 발표했다. 역사문제, 보상문제는 여기까지 하고, 앞으로 한국은 일본문화 개방으로 나아가겠다는 뜻을 분명히 하고, 한일 화해 협력을 추진하려고 했다. 김대중 대통령의 방문은 일본 정부·의회·국민에게 커다란 인상을 주었다. 한일 파트너십선언 아래 이후 한국은 일본문화 개방, 일본은 한류붐의 고양을 통해 획기적인 한일 국민 교류의 신시대로 접어든다.

 이러한 상황을 받아들여 아시아여성기금은 다음 해인 1999년 1월 28일 한국 사업을 전환하여 의료복지 지원 프로그램 100명분인 3억 엔을 한국의 노인의료복지사업에 제공하기로 결정했다. 사업 전환에 임하여 수령을 신청하는 희망자에게 지급하기로 했다. 실제로 이때 실시한 것은 23명이다. 이때는 정부 승인을 받아서 의료복지 지원 300만 엔은 아시아여성기금에서 직접 위안부 피해자의 은행구좌로 송금했다. 즉 500만 엔이 한꺼번에 지급된 것이다. 정부와 국민이 협력해서 쓰구나이 사업을 한다는 형태가 실현되었다. 혼란을 겪었지만, 이것은 가능하다면 어째서 처음부터 공공연하게 널리 알리고 실행하지 못했을까 생각했다. 당연히 매우 고생을 한 '아시아와의 대화를 추진하는 모임'은 폐쇄되었다.

그런데 그해 7월 한국에서 의료복지 지원 프로그램을 담당할 것으로 기대하고 있던 한국적십자사가 받아들일 수 없다고 회답했기 때문에 전환 결정을 취소하게 되었다. 한국 사업은 정지상태가 되었다.

2000년 12월 8, 9, 10, 12일 도쿄에서 '일본군 성노예제를 단죄하는 여성국제전범법정'이 열렸다. 이는 일본의 VAWW-NET와 한국의 정대협, 필리핀의 운동그룹(인다이 샤호루를 중심으로 하는) 등이 협력하여 개최한 모의법정으로, 위안부제도를 만든 일본군 책임자 10명을 재판하고 유죄를 선언했다. 위안부 문제에 관한 자료, 증언을 망라적으로 수집하고 검토한 것은 이 '법정'의 가장 큰 의의였다. 그러나 그 이상으로 일본군 책임자의 유죄가 국제적인 시민재판의 장에서 선언되어 그 자리에 참석한 위안부 피해자가 명예를 회복하고 정신적 해방을 느낄 수 있었던 것이 큰 사건이었다고 생각한다. 그러나 '법정'은 일본 정부에게 아시아여성기금을 대신할 조치를 취하도록 하는 압력이 되지는 못했다.

거의 1년 후인 2002년 1월, 1998년 광고에서 공시한 신청 접수 종료일이 되어 아시아여성기금은 한국 사업의 정지상태를 해제하고 새로 신청한 10명에게 실시한 후 사업을 종결시켰다.

돌아보면 김대중 대통령과 오부치 총리의 한일관계 조정에서 위안부 문제를 둘러싼 대립은 잠시 미루어 두었을 뿐이다. 한국의 피해자·정대협과 아시아여성기금과의 대립은 계속되고, 아시아여성기금을 받은 피해자도 사회적으로 무시를 당하는 고통을 받게 되었다.

### 타이완에서의 사업

타이완에서는 한국에서 위안부 문제가 제기된 1992년 즉시 입법원과 정부 관계 부처가 대처위원회를 설치하고 대응을 시작했다. 그동안 타이베이臺北시 부녀구원복리사업기금회(약칭 부원회)가 위원회의 중심이 되어 조사를 실시하는 등 적극적으로 활동했다. 아시아여성기금도 1996년부터 타이완을 방문하여 타이베이시 부원회와 상담하고 원조도 받았다. 그러나 결국 부원회는 국가보상을 요구한다는 주장을 명확히 하고 기금 사업에는 부정적인 태도를 취했다. 그 시점에서 기금과의 관계가 끊어졌다.

이에 기금은 타이완 법조계의 유력자인 라이 하오민賴浩敏 변호사의 협력을 얻어서 1997년 5월 타이완의 유력 3개 지紙에 아시아여성기금 사업의 광고를 냈다. 광고 맨 첫 부분에 아주여성기금회亜州女性基金會는 종군위안부였던 분을 대상으로 하여 "① 보상의 심경을 전한다(위무금慰撫金을 전달한다)"고 썼다. '来自日本国民的補償心意'라는 항목에서는 "아시아여성기금은 일본국민의 모금을 자원으로 하여 종군위안부였던 분들에게 위무금으로 1인당 일본엔 200만 엔을 전달한다"[75]고 되어 있다. 쓰구나이 사업, 쓰구나이긴이라는 생각이 전혀 전달되지 않는 광고였다.

그러나 이 광고를 보고 신청해 준 위안부 피해자 13명에게 기금 사업을 실시했다. 타이완에서도 의료복지 지원은 300만 엔 규모로 결정되었다. 타이완에서의 의료복지 지원 실시는 한국과 다른 방식으로 추진되었다.

타이완에서도 아시아여성기금 사업에 대한 비판은 강했고, 기금에 대한 강력한 대항조치가 취해졌다. 정치범이었던 풍지작가 리아오李傲가 아시아여성기금에 대항하여 '일본무치日本無恥·정부무능政府無能'을 내세우고 타이완시 부원회와 제휴하여 자신의 비장품秘蔵品을 옥션에 출품하여 얻은 수익 금액에서 위안부 피해자에게 1인당 타이완달러 50만 달러(200만 엔)을 지급했다.[76] 이때 아시아여성기금을 받지 않겠다는 계약서를 받았다. 한국에서 김대중 정부가 지급할 때 타이완의 사례가 모델이 되었을 거라고 생각한다.

게다가 1998년 2월에는 입법원이 움직여 일본 정부에게 나중에 보상금을 받기로 하고, 먼저 타이완 정부가 피해자에게 1인당 50만 달러(200만 엔)를 지급했다.

### 인도네시아에서의 사업

인도네시아는 기금 사업 대상국으로, 중국과 함께 제2그룹인 '일시금 지급에 상대국 정부가 반대하고 있는' 국가로 분류되었다. 인도네시아에서는 일찍부터 한국에서의 위안부 문제 제기가 파문을 일으키고 있었다. 1992년에는 처음 실명을 공개한 여성도 나타났다. 그해 7월 인도네시아 외무성 정무총국장 월요노 사스트로워도요는 성명을 발표하여 인도네시아에서도 인도네시아 여성을 상대로 한 강제매춘이 있었는데, 일본 정부의 조사는 불충분하며, 여성들의 존엄은 일본 정부가 무엇을 해도 회복되지 않는다고 일본 정부를 비판했다. 이에 대해 일본 외무성 남동아시아 2과장 하야시 게이이치林景一는 7월 14일 인도네시아대사에게 양국 간에 전쟁 배상은 완료되었으니 위안부에 대한 보상을 요구하는 것은 "있을 수 없다"고 항의했다고 한다.[77]

아시아여성기금이 설립되자 인도네시아 주재 일본대사관과 인도네시아 정부가 접촉하여 협의가 시작되었다고 생각한다. 그 결과 1996년 11월, 인도네시아 인탄 스웨노Ign Soewignjo 사회대신이 위안부 문제에 대한 정부 견해를 발표한다. 이때 밝힌 것은 "판차실라Pancasila 철학을 가진 민족으로서, 감정적인 요소가 강한 조치, 시책으로 향하지 않도록 한다", "희생당한 여성과 가족의 명예를 지키는 데 진력을 다하고 있다", "일본과의 평화조약, 배상협정에 의해 청구권 문제는 이미 해결되었다", "인도네시아에서의 위안부 문제에 관한 사업·원조는 전부 인도네시아 정부를 통해서 실시해야 한다"는 것이었다. '감정적인 요소가 강한 조치, 시책'이 무엇을 의미하는지는 모르겠다. 당시 인도네시아는 수하르토 장군의 정권하에 있었는데, 이 정권은 위안부 문제를 다루고 있던 민간단체, 법률가 그룹을 위험시하고 있었다. 한편 정권과 일본 정부와는 깊은 협력관계를 맺고 있었다.

아시아여성기금은 1996년 11월 7일 열린 3자 간담회에서 처음 인도네시아 사업을 논의했지만, 외무성 대표자로부터 인도네시아 정부는 "국내의 사회적·종교적 사정 또는 피해자의 인정작업이 불가능하다는 입장에서", "피해자를 대상으로 하는 모든 사업에 반대하고 있기" 때문에 일본 정부 측이 고령자 케어 사업안을 작성했다는 이야기가 있어서, 그것을 둘러싸고 논의가 이루어졌다. 기금 측은 인도네시아에서도 피해자 개인에 대한 사업이 필요하다는 생각이 강하여 결론은 내지 못했다. 그래서 인도네시아의 사업을 구상하는 태스크포스를 설치했다. 그런데 1997년 1월 11일 열린 3자 간담회에서 '인도네시아에서 고령자 사회복지 추진 사업' 내용을 부이사장이 보고하고 승인을 받았다. "기금은 쓰구나이긴이 지급될 수 있도록 계속해서 노력한다"는 태스크포스의 결론도 보고되어 승인을 받았다고 의사록에 기록되었지만 그것은 이제 일시적인 안심 정도였다. 이 결정에서 쓰구나이긴의 지급은 제1그룹인 필리핀·한국·타이완만을 대상으로 하기로 했다. 기금으로서는 중대한 순간이었다. 그러나 그날은 한국에서 사업이 실시된 당일이었기 때문에 우리는 거기에 정신을 빼앗기고 있었다.

그해 3월 21일에는 하시모토 총리가 위안부 문제에 대한 사죄편지를 수하르토 대통령에게 보냈다. 그리고 그로부터 4일 후 기금의 야마구치 다쓰오山口達男 이사가 인도네시아를 방문하여 인도네시아 사회부와 '인도네시아에 있어서 고령자를 위한 사회복지서비스 증진'에 관한 각서(MOU)를 체결했다. 이에 따라 아시아여성기금이 10년간 총액 3억 8,000만 엔의 사업자금을 인도네시아 사회부에 주기로 했다. 사회부는 "종군위안부가 존재한다고 여겨지는 지역에서", "사업이 실시될 수 있도록 확보한다"는 것만이 위안부 문제와 관련이 있었다.

인도네시아에서는 2007년까지 69개소의 고령자 사회복지 시설을 건설했다. 이는 2007년 당시 인도네시아의 같은 종류의 시설 235개소의 29%에 해당한다. 기금에서는 시설이 건설되는 상황을 시찰하기 위하여 거의 매년 인도네시아를 방문했지만, 우리는 이 사업이 인도네시아 사람들에게 도움이 된다는 것을 확인하여 기쁘게 생각함과 동시에, 위안부 피해자를 위하여 직접적으로 아무것도 하지 못하고 있다는 것을 늘 석연치 않게 여겼다.

사업이 종료될 쯤부터 인도네시아에서 위안부 문제를 거론해 온 여성 의원 누르샤바니Nourshabani와 협의하여 위안부 피해자를 입주시키는 특별고령자시설의 건설을 사업계획에 포함시켰다. 인도네시아 사회부도 호의적으로 대응해 주어서 마지막 해에 4개의 시설을 블리타르Blitar · 방둔Bangung · 치마히Cimahi · 파스루안Pasuruan에 건설했다. 그중 블리타르 시설은 위안부 피해자만이 입주할 수 있었다.

그런데 기금이 해산하기 전해인 2006년 5월 22일, 인도네시아 남술라웨시주의 전 종군위안부기금회 회장 다마위로부터 그 주 내의 위안부였던 1,696명이 아시아여성기금을 받고 싶다는 요청이 있어, 주 지사 대리로 위안부 문제 교섭을 위임받은 마 사라 라쟈의 서한도 5월 24일자로 받았다. 이는 충격적인 사태였지만, 기금은 1997년 3월 25일 각서(MOU)에 따라 사업을 해왔기 때문에 그 외 일은 할 수 없다. 요망사항을 인도네시아 정부에 전달하여 일본 정부와 협상하도록 교섭하는 것이 어떤가라는 답장을 보냈다. 이 건은 그것으로 끝나버렸다. 기금이 문제로부터 도망쳤다는 말을 들어도 어쩔 수 없었다.

## 네덜란드에서의 사업

　　전쟁 당시 일본군은 인도네시아를 점령하자 인도네시아를 식민지로 하고 있던 네덜란드인을 전원 수용소에 수용했다. 그 수용자 중에서 일본군 군인이 선정하여 군위안소에 보내 위안부로 만든 일이 있었다. 위안부 문제가 발생하자 네덜란드 정부는 1994년에 보고서를 내고, 위안부가 된 여성은 200명에서 300명이었다, 그중 확실하게 강제성이 인정되는 여성은 65명 정도였다는 결론을 내렸다.

　　네덜란드 정부와 네덜란드 주재 일본대사관과의 협의는 일찍 시작되었지만, 네덜란드 정부 측이 일시금 지급보다 의료시설을 만드는 편이 좋다고 말했기 때문인지, 외무성의 제안에서 네덜란드는 '역사의 교훈으로 삼는 사업을 희망하고 있는' 제3그룹에 들어가 있었다. 그 후 재네덜란드대사관은 네덜란드의 전후보상 요구 단체, 대일도의적채무기금의 대표자와 협의를 시작했는데, 일본 측은 고령자 의료·교육 조성 사업을 제안하고, 나중에는 의료복지 지원의 집단적 사업을 받아달라고 이야기했지만, 네덜란드의 단체는 "집단적 사업은 수용할 수 없다, 피해자 개인에 대한 사업이어야 한다"고 요구하여, 이에 동의했다. 이 협의는 재네덜란드대사관이 추진한 것으로 기금은 전혀 관계하지 않았다.

　　1998년 1월 기금 관계자가 처음으로 네덜란드를 방문하여 사업 형태에 대해 협의했다. 7월 15일 하시모토 총리는 네덜란드의 콕 총리에게 위안부 문제에 대한 사죄 편지를 보냈다. 이 편지 첫 부분은 이른바 총리의 '사죄편지' 첫 부분보다 더 명쾌했다고 생각한다.

우리 나라 정부는 이른바 종군위안부 문제에 관하여 도의적인 책임(moral responsibility)을 통감하고 있으며, 국민적인 쓰구나이의 마음(the atonement of the Japanese people)를 표명하기 위한 사업을 추진하고 있는 '여성을 위한 아시아평화국민기금'과 협력하면서 이 문제에 대해 성실하게 대응하고 있다.

이를 받아들여 이날 대일도의적채무기금에서 위안부 문제를 담당하고 있던 마르게리트 해머 모노드 드 프로이드빌 Marguerite Hamer-Monod de Froideville이 중심이 되어 네덜란드·아시아여성기금사업시행위원회(PCIN)가 설립되었다.

그리고 이날 기금의 야마구치 이사가 사업실시위원회 위원장 하이저G. L. J. Huyser 장군과 각서(MOU)를 체결했다. 거기에는 "기금은 '종군위안부' 문제에 관해 일본의 쓰구나이 마음을 나타내기 위하여 위원회가 실시하는 … 네덜란드인 전쟁피해자의 생활 상황 개선을 지원하는 사업에 대하여, 재정적 지원을 행하는 것으로 한다"[78]고 기술되어 있다. 여기에서도 'atonement'라는 단어가 일본인의 심정을 전달했다.

PCIN은 같은 해 8월 28일 네덜란드와 세계 각지의 신문에 다음과 같은 광고를 냈다.

> 1942~1945년 동남아시아에서 일본 점령군에 의해 매춘을 강요당하여(being forced into prostitution by the Japanese occupation forces) 극도의 정신적·육체적 피해를 입은 모든 사람들에게 주목할 것을 호소한다. … 아시아여성기금은 이러한 종류의 피해자에게 생활조건을 개선하는 프로젝트 형태의 보상을 지불하는(pay compensation to this group of victims in the form of a Project to improve the living condition of those victims) 것을 계획하고 있다.

세계 여러 곳에서 107명이 신청을 했는데, 그것을 사업실행위원회(PCIN)가 엄밀하게 심사해서 강제적으로 성적 봉사를 해야 했던 79명이 선정되었다. 주목되는 것은 이때 남성도 포함된 것이다.

인정받은 피해자에게는 하시모토 총리가 콕 총리 앞으로 보낸 서한 사본이 전달되었다. 그리고 어떤 의료복지서비스를 희망하는가라는 앙케이트의 회답에 따라 300만 엔의 project money가 지급되었다. 수령한 피해자들은 해머에게 감사편지를 보냈다.

나는 사업금을 받고 매우 기뻤다. 그리고 하시모토의 서한은 매우 만족스러웠다. 그 긴 세월을 거쳐 마침내 (내가 받은 피해가) 어느 정도 인정된 것이다. 나는 감정을 억누르지 못하고 마음과 몸이 떨렸다.

당신이 나를 위해 해 주신, 앞으로도 해 줄 모든 것에 대하여 고맙다는 인사를 드린다. 이 금전적인 보상(compensation)뿐만 아니라, 15살 소녀였던 내가 받았던 저 비참함을 전부 인정받은 것에 대해서다. 그 일이 아직까지도 입을 벌리고 있어, 그것을 끌어안고 살아가는 것을 견뎌온 마음의 상처의 아픔을 부드럽게 해준다.

네덜란드인 피해자는 대부분 아시아여성기금 사업을 받아들였지만, 피해자 가운데 가장 용감하게 이름을 내걸고 나와서 끊임없이 일본 국가가 한 짓을 비판해 온 얀 루프 오헤른은 기금 신청을 거절했다. 유명한 스마랑 사건의 피해자였던 그녀는 수기도 집필하고 침묵하는 네덜란드 피해자를 대신하여 일본 국가의 죄를 고발했다. 일본인이 잊어버릴 수 없는 네덜란드 여성이다.

네덜란드 사업은 2001년 7월 종료했다. 그때 일본에서 개최된 심포지엄에 참가했던 해머는 "왜 네덜란드 피해자에게는 200만 엔의 쓰구나이긴이 지급되지 않았는가"라고 질문하여 기금 관계자를 깜짝 놀라게 했다. 우리는 네덜란드에서는 국가보상에 근접한 것을 받아내고자 하는 마음에서 의료복지 지원 300만 엔을 선택했다고 생각하고 있었기 때문에 해머의 발언은 일종의 폭탄선언이었다. 서둘러 조사를 했지만, 모든 것이 막을 내린 뒤였다.

## 그 밖의 국가들

중국은 인도네시아와 함께 제2그룹에 들어가 있었다. 중국은 일본군이 위안소제도를 시작했던 곳이므로 중국인 위안부가 있었다는 것은 틀림없는 사실이었고, 이 때문에 기금 관계자는 전부 중국에서의 사업을 희망하고 있었다. 외무성은 위안부 문제에 대한 중국 정부의 태도를 걱정하고 있었다. 중국 정부는 1972년 중일 공동성명에서 "전쟁배상 청구를 포기한다"고 표명한 것을 전제로 개인 피해자에게 어떤 지불도 필요 없다는 태도를 취했던 것 같다. 이는 일본 외무성도 원하는 바였을 것이다. 개인에 대한 지불을 시작하면 셀 수 없이 많은 중국인 피해자가 나타날 것이라고 생각하여 그렇게 하지 않는 편이 좋고 감사한 일이라고 생각했을 것이다. 외무성은 위안부에 대한 쓰구나이를 대신할 조치로 여자교육지원 프로젝트 등을 제안한 듯하지만 중국 정부는 일관되게 관심을 보이지 않았다고 한다.

그러나 중국의 피해자는 일본 재판소에 소송을 제기했다. 1995년부터 산시山西성 위현盂県의 피해자 2명이 먼저 제소하고

1996년에도 2명이 제소하고, 1998년에는 10명이 제소했다. 그 외에 하이난섬海南島의 피해자 8명이 제소를 했다. 원고는 전부 24명이다. 특징적인 것은 산시성 위현 사태는 일본군이 중국 오지에 침입하여 공산당 마을을 습격하고 여성을 납치하여 자신들의 거점으로 연행한 다음 감금하고 지속적으로 강간한 준위안소 사례였다는 것이다. 최초의 원고 완와이화万愛花는 공산당 마을의 부촌장이었던 사람으로, 필리핀의 로사 헨손과 같은 존재였다. 중국인 소송은 전부 최고재판소(대법원)에 가서 패소한다.

산시성의 2개 소송이 최고재판소 판결을 기다리는 동안, 2006년 5월 담당 변호사 오모리 노리코大森典子, 가와카미 시로川上詩朗가 아시아여성기금을 방문했다. 두 사람은 이대로 패소하는 것보다는 최고재판소에서 아시아여성기금의 협력을 얻어서 '화해 협의'를 요구하는 상신서를 제출하기 위해 상담하러 온 것이다. 두 변호사도 국가보상을 요구해 온 아시아여성기금 반대파였지만 여기에 이르러 최고재판소에서 화해라는 형식을 얻어낼 수 있다면, 피해자 6명은 총리의 '사죄편지'를 받고, 네덜란드 방식으로 300만 엔을 지급받기를 희망한다는 것이다. 이 재판을 지지해온 운동단체의 승인도 받은 제의였다. 전무이사인 나는 이에 응하는 것이 가능하기 때문에 그렇게 한다면 실현될 수 있도록 외무성과 협의하고 나서 기금 내부의 결정을 받겠다고 약속했다. 법무성에서 질의가 왔기에 똑같이 설명했다. 그러나 법무성은 승소 목전에 있는데 왜 화해를 해야 하는지 잘 모르겠다는 태도로 외무성에도 압력을 넣었다고 한다. 결국 화해는 이루어지지 않았다. 중국인 원고는 패소했다. 일본은 중국 피해자에게 아무것도 하지 않은 채 끝나버렸다.

이 밖에 북한의 위안부 피해자 문제가 잘 알려져 있다. 기금에서도 계속 주목해왔지만 외무성은 국교가 없기 때문에 아무것도 할 수 없다는 태도였다. 문제가 해결되지 않았다는 것은 인정하고 있다. 북한에서는 정부가 인정한 200명 정도의 피해자가 있다고 발표해 왔지만, 최근에 대부분의 분들이 돌아가셔서 생존자는 매우 소수다.

말레이시아에 대해서는 어떤 논의도 없었다. 위안부가 되었던 사람이 있다는 것이 나중에 밝혀진 동티모르에 대해서도 전혀 거론되지 않았다.

## 역사자료 출판 연구 사업

아시아여성기금에서는 처음 발표 때 "정부는 과거의 종군위안부 역사자료를 정비하여 역사의 교훈으로 삼는다"는 방침을 받아서 1996년 10월 위안부 관계자료 위원회를 설치했다. 기금 외부에서 참가한 사람은 아사노 도요미淺野豊美, 가베 마사오我部政男, 구라사와 아이코倉沢愛子, 하타 이쿠히코秦郁彦, 하타노 스미오波多野澄雄 5명이다. 요시미 요시아키에게도 참가를 요청했지만 승낙을 받지 못했다. 기금에서는 다카사키 소지가 위원장, 내가 부위원장을 맡았고, 고토 겐이치後藤乾一, 하시모토 히로코가 참가했다.

위원회 최초의 일은 정부가 조사, 수집한 위안부 관계 자료의 공간이다. 거기에는 고노 담화 발표 이후에 정부가 공표한 경찰자료(제2장에서 언급한 (나) 자료)를 권두에 넣는다는 것이 우리의 방침이었다. 요시미의 자료집이 이미 나왔다는 점을 고려하여 과감히 모든 자료를 현물 복사로 출판하여 그 시대의 분위기를 재현하기로 했다. 출판사는 류케이쇼샤龍渓書舎에 의뢰하여 1997년 3월부터는 전 5권의 『정부조사 '종군위안부' 관계자료집성』의 간행이 시작되었다(5권 완결은 1998년 7월). 개인 이름을 먹칠하는 등의 작업 실수로 인쇄를 다시 한 일이 있어 매우 어려운 작업이었지만, 이 출판은 기금이 자랑할 만한 업적이었다고 생각한다.

자료위원회에서는 어떻게든 독자적으로 자료를 발견해서 공표하기를 바랐지만, 그것은 이루지 못했다. 고노 담화를 정리하는 과정에서 획득한 자료가 내각부에는 남아있다고 생각하여 교섭을 했지만 아무것도 받지 못했다.

자료위원회에서는 각자 주제를 정하여 조사를 했다. 아사노는 미국 국립공문서관에 가서 위난雲南, 미얀마 최전선의 위안부에 대해 미군 자료를 조사하고 뛰어난 보고를 했다. 다카사키는 '반도여자정신대'에 대하여 연구하고 여자정신대와 위안부는 전

혀 별개라고 최종적으로 밝혔다. 나중에 협력을 의뢰한 야마모토 마유미山本まゆみ와 윌리엄 브래들리 호튼William Bradley Horton은 네덜란드 위안부 문제에 대해 네덜란드 공문서관의 조사를 실시하여 귀중한 보고를 해주었다. 하타노는 방위청방위연구소가 소장한 육군성 의무국 의사과장 긴바라 세쓰조金原節三의 문서를 조사하여 보고했다.

이러한 보고, 연구를 정리하여 『'위안부' 문제 조사보고 1999』[79]를 낼 때 문제가 발생했다. 자료위원회 멤버였던 하타 이쿠히코가 「위안부 전설을 재고한다: 그 수량적 고찰」이라는 논문을 제출했다. 이 글의 마지막 절은 '위안부들에 대한 생활 원호는 다른 전쟁희생자보다 더 탄탄하다'는 제목이었는데, 결론은 다음과 같았다.

> 문제화된 후 한국에서는 '5중 수령'하는 사례도 나왔다. 5중이란 (1) 몸을 팔았을 때, (2) 위안소에서의 수입, (3) 한국 정부로부터의 일시금과 연금, (4) 한일 양쪽의 민간모금, (5) 아시아여성기금의 급부금이다.
>
> 한국의 경우, 지금까지의 사정과 오기 때문에 더 이상 여성기금에서 돈을 무리하게 지급할 필요가 없다고 생각한다.

다카사키와 나는 아시아여성기금 발간물에 이런 주장이 게

재되는 것은 기금의 정신과 활동에 대한 부정이라고 생각하여 이 부분의 전면 삭제를 요구했다. 그러나 하타가 이를 수용하지 않아 대립했다. 결국 하타는 논문을 철회하여 『'위안부' 문제 조사보고 1999』에는 하타의 원고를 게재하지 않고 출판했다. 이 소동의 결과 자료위원회는 해산하게 되었다. 하타는 문제의 원고를 『겐다이 코리아現代コリア』 1999년 1·2월호, 『쇼군諸君!』 1992년 2월호에 「아시아여성기금에 둥지를 튼 흰개미들」이라는 글을 게재하고 이 경과에 대하여 와다와 다카사키를 비난했다. 우리의 반론은 『쇼군!』 편집부가 게재를 거부했다.

  자료위원회는 없어졌지만, 기금이 해산할 때에는 자료를 남기고 공개하는 것을 목적으로 몇 가지 프로젝트를 추진했다. 첫째는 기금 관계자, 기금을 원조해준 사람들(하오민, 해머, 넬리아 산쵸)의 오럴히스토리를 출판했다.[80] 둘째는 디지털기념관 '위안부 문제와 아시아여성기금'[81] 웹 사이트를 만들었다. 위안부 문제와 기금의 활동을 설명한 다음 문서고라는 것을 붙여 거기에 『정부조사 '종군위안부' 관계자료집성』 전 5권을 올리고, 아시아여성기금에 관한 문서와 기금 이사회 회의록, 부속 자료, 기금 작성 관련 신문 스크랩을 전부 수록했다. 이 기획을 추진한 내 의도는, 먼저 아시아여성기금 시대에 일본 정부와 아시아여성기금 측이 도달한 위안부 문제 인식의 수준을 보여주고, 여기에서 후퇴하지 않기를 바라는 것이고, 또 아시아여성기금이 무엇을 했는지, 국민이 자료를 보고 스스로 비판적으로 검증하도록 하는 것이었다.

디지털기념관은 기금이 해산하고 나서 반년이 지난 후인 2007년 9월 개설했다. 그때는 일본어판과 영어판이었는데, 2014년 6월에 외무성의 요청으로 한국어판이 만들어졌다.

### 기금의 피해자 지원

아시아여성기금은 기금이 존재한 모든 기간을 통하여 5억 6,525만 1,590엔의 기부를 받았다. 이는 200만 엔의 쓰구나이긴을 기준으로 생각하면 282.6명분이다. 기금은 285명에게 쓰구나이긴을 지급했기 때문에 모금에서 쓰구나이긴을 지출한다는 기본 콘셉트는 거의 완전하게 지켰다고 할 수 있다. 그러나 원래 그것은 결과론에 지나지 않는다. 한국과 타이완에서 많은 피해자가 수령을 거부했고, 게다가 인도네시아·네덜란드에서 피해자에게 쓰구나이긴을 지급하는 사업 방식을 취하지 않았기 때문에 모금과 지출이 맞는 결과가 된 것에 불과하다.

기금의 쓰구나이 사업이 거의 종료된 2002년에 기금은 네덜란드에서는 79명에게 사업을 실시했다고 발표했지만, 한국·타이완·필리핀에서는 2개 국가, 1개 지역의 피해자를 합쳐서 285명에게 실시했다고 발표했을 뿐이다. 국가별 내역을 발표하면 한국·타이완에서 기금을 받은 사람들이 새로운 압박을 받을지도 모른다고 생각했기 때문이다. 국가별 내역을 모르면 기금 사업의 성과는 명확하지 않았다. 그러나 기금은 2007년 3월 마침내 국가별 내역을 발표하지 않은 채 해산했다.

그로부터 5년 후인 2012년 9월 28일 『홋카이도北海道신문』은 서울 특파원발 기사로 아시아여성기금이 한국에서 사업을 실시한 사람 수는 61명이라는 기사를 내보냈다. 그 후 『산케이신문』도 구로다 가쓰히로黒田勝弘 기자가 와다 하루키는 한국이 인정한 피해자의 "과반수에 미치지 않았다"고 전부터 말하고 다녔지만, 수령한 사람은 실제로는 61명이었다는 사실을 알았다(일본대사관 관계자)는 기사를 썼다.[82] 61명은 기금에서 공식적으로 확인한 숫자다. 책임 있는 곳에서 새나간 숫자다. 나는 기금이 해산할 때 전무이사였던 내 책임으로 한국에서 실제 아시아여성기금을 수령한 숫자를 발표할 때가 되었다고 판단했다. 그래서 『마이니치신문』 2014년 2월 27일자에 한국인은 60명, 타이완인은 13명, 필리핀인은 211명, 네덜란드인은 79명이었다고 국가별 기금을 받은 인원수를 발표했다.

한국인 인원수가 다른 발표와 틀렸던 것은, 기금은 확실히 61명에게 송금했지만, 1명이 받지 못했다고 주장했기 때문이다. 기금은 이 점을 오랫동안 조사를 했지만 해산할 때까지 명확한 결론을 내리지 못했다. 나는 해산이 임박한 시점에서 받지 못했다는 사람의 주장을 인정해야 한다는 결론을 내렸다. 그래서 받은 사람이 60명이라고 한 것이다. 나중에 정부의 고노 담화 검증 보고서는 "사업 종료까지 위안부였던 합계 61명에 대하여 쓰구나이긴을 지급하고 의료복지 지원 사업을 실시했다"고 기술했다. 따라서 이는 아직 해명이 필요한 사안이다.

어쨌든 한국에서 정부가 인정한 위안부 피해자는 2002년 당시 207명이었기 때문에 기금 사업을 받아들인 사람은 30% 정도였다. 70%의 인정 피해자가 기금을 받지 않은 것이 된다. 타이완에서도 타이베이시 부원회가 인정한 위안부 피해자는 33명이었다고 하기 때문에 받은 사람 13명은 거의 3분의 1로, 거의 3분의 2가 기금을 받지 않았다. 따라서 한국과 타이완에서 아시아여성기금은 위안부 피해자 다수의 이해를 얻지 못하고 사업을 충분하게 실시하지 못한 것이 된다. 즉 문제는 아직도 해결되지 않은 것이다. 필리핀과 네덜란드에서는 신청하여 인정을 받은 피해자가 모두 사업 기금을 받았기 때문에 사업을 끝까지 해냈다고 할 수 있다.

인도네시아·중국·북한, 그리고 위안부가 존재했다고 알려진 말레이시아와 동티모르의 위안부 피해자는 아직 어떤 조치도 받지 못한 것이 분명하다.

## 기금의 회계보고

기금의 회계보고는 명료하게 나와 있지는 않지만, 대략의 수치는 〈표 2〉와 같다.

〈표 2〉 아시아여성기금의 회계보고

| 구분 | 지출 및 수입 내역 | | | 금액(엔) |
|---|---|---|---|---|
| 지출 | 쓰구나이 사업 | 쓰구나이긴 | 필리핀·한국·타이완 | 5억 7,000만 |
| | | 의료복지 지원 | 필리핀·한국·타이완·네덜란드 | 7억 3,000만 |
| | | | 인도네시아 | 3억 7,000만 |
| | 사무경비, 쓰구나이 사업 실시, 여성존엄사업 실시 경비 | | | 35억 500만 |
| | 계 | | | 51억 7,500만 |
| 수입 | 국민으로부터의 모금 | | | 5억 6,500만 |
| | 의료복지 지원용 정부거출금 | | | 11억 2,000만 |
| | 사무사업 경비 정부보조금 | | | 35억 500만 |
| | 계 | | | 51억 9,000만 |

그리고 이 밖에 재단법인의 기본 재산을 위한 기부금이 있어, 그 잔액 3,000만 엔 중 2,000만 엔은 위안부 피해자를 위한 후속 케어 활동을 하는 단체로 만들어진 NPO 법인 'C²SEA 朋'(대표 나카지마 시게루)에 기부했다.

## 기금을 어떻게 평가할 것인가

아시아여성기금은 일본이 일으킨 전쟁으로 손해와 고통을 당한 일본인 이외의 피해자에 대하여 사죄하고 속죄 조치를 실행한 일본 정부·국민 공동의 전대미문 프로젝트였다. 전후 50년을 기회로 일본의 정치가·관료·시민이 합의한 성의가 결집된 것이었다는 점은 분명하다. 모금에 참여한 국민도 포함하여 여기에 선의가 표시되었다는 것만큼은 시비를 떠나 꼭 이해해주기를 바란다. 그러나 기금 설립 과정에서 사업 추진 책임자인 이가라시 관방장관이 '미마이킨' 보도에 대해 강하게 반론하지 않은 것은 첫 번째 잘못이다. 게다가 기금 설립 발표에서 기금 사업정신의 핵심을 보여주는 '쓰구나이償い'라는 단어를 충분히 설명하지 못하고 한국어와 중국어로 번역할 때 '보상'으로 하는 결정적인 잘못을 저질렀다.

기금 사업의 기본적인 콘셉트는 총리가 사죄편지를 보내지만, 사죄의 마음을 표현하는 돈은 정부가 일절 내지 않고, 국민 모금만으로 지출한다는 것이었다. 이것이 한국의 피해자들과 운동단체의 강한 반발을 불러일으킨 것은 당연한 일이었다. 게다가 국민모금으로만 쓰구나이긴을 지출한다는 방식은 쓰구나이긴을 200만 엔이라고 결정한 순간에 현실성을 잃어버렸다. 사실상 기금 사업의 기본 콘셉트는 수정된 것과 마찬가지다.

마지막으로 기금에서는 정부가 '도의적 책임'을 인정한다는 것을 중시했다. 그것은 의미 있는 일이었지만 피해자와 대면하여 '도의적 책임'을 인정한다는 것은 실제로는 '법적 책임'을 인정하지 않는다고 강조하는 것과 같고, '법적 책임'을 인정하기 바라는 피해자의 감정을 거스르는 것이라는 점에 주의를 기울이지 못했다고 생각한다. 피해자에 대해서는 책임을 인정한다는 것 말고 다른 건 없다는 것을 이해했어야 한다.

아시아여성기금은 이러한 잘못과 사업의 결함 때문에 한국과 타이완에서 목적을 달성하지 못하고 국민적 화해에 공헌하지 못했다. 그러나 필리핀과 네덜란드에서는 분명히 의미가 있는 사업을 실시해서 성공을 거두었다고 평가할 수 있다. 아시아여성기금에 대한 비판은 이해할 수 있지만 기금 사업을 받아들여 마음의 안정을 얻은 피해자가 있다는 것을 무시하고 아시아여성기금을 전면 부정하는 것은 올바르지 않다.

아시아여성기금의 12년 사업은, 거기에 담긴 좋은 정신을 계승하고, 잘못과 결함을 극복하여, 그 너머로 나아가야 할 귀중한 역사의 과정, 국민적 노력의 경험이라고 할 수 있다.

제6장

## 아시아여성기금 해산 이후의 새로운 전개

## 아시아여성기금의 해산

아시아여성기금은 사업을 종료하고 2007년에 해산했다. 그러나 이미 말한 바와 같이 필리핀과 네덜란드에서는 기금 사업 고지를 보고 신청하는 사람들에게 사업을 실시할 수 있었지만, 한국과 타이완에서는 인정 등록 피해자 중 과반수의 사람들과 3분의 2의 사람들이 사업을 받아들이지 않고 신청하지 않았기 때문에 목표로 한 사업이 끝나지 않았다. 더욱이 중국·북한·말레이시아·동티모르와 아직 손이 미치지 못한 국가들이 있다. 원래 계획대로라면 기금은 해산할 상황이 아니었다. 쓰구나이 사업이 끝났다고 해도 국민에 대한 계몽, 교육 활동은 더 필요했다.

그러나 우리는 한국에서 사업이 커다란 벽에 부딪혔다는 것을 알고 있었기 때문에 이대로 계속하는 게 무의미하다고 생각했다. 거기에다 처음부터 관여했던 사람들은 설립 후 12년이 경과하여 매우 지쳐 있었다.

당시 정부인 아베 내각도 아시아여성기금이 지속되는 것을 바라지 않는 듯이 보였다. 아베 내각이 탄생한 것은 기금이 해산하기 전해인 2006년 9월이었다. 고노 담화에 대해 강하게 비판해 온 사람이 총리가 된 것이기 때문에 매우 걱정했다. 그때 아시아여성기금 전무이사였던 나는 자민당 총재가 된 아베를 향해 『세카이』 10월호(9월 8일 발매)에 '아베 신조 님께 올림'이라고 시작하는 글을 발표했다. 총리가 되면 무라야마 담화를 지킬 것인가, 고노 담화를 지킬 것인가, 북일 평양선언을 지킬 것인가를 물은 것이다. 총리가 된 후 아베는 10월 2일 소신 표명 연설에 대한 대표 질문 답변에서 무라야마 담화를 답습하겠다고 대답했다. 그리고 10월 5일 중의원 예산위원회에서는 간 나오토菅直人 의원의 질문에 대한 답변에서 고노 담화에 대해서도 "현재 정부에도 계승되고 있다"고 했다. 그러나 혼란과 불안은 계속되었다.

우려의 목소리가 미국에서 나왔다. 미 하원 마이크 혼다Mike Honda 의원이 위안부 문제 결의안을 제출한 것이다. 2007년 1월 31일에 제출한 이 결의안은 "위안부의 고난에 대해 마음으로부터 사죄와 반성을 표명한" 고노 담화를 평가하고, 그 "내용을 희석시키거나 철회할 것을 바라는 뜻을 표명하고 있는" 일본의 공무원과 민간의 요직에 있는 사람들의 움직임에 반대한다고 표명했다. 또한 아시아여성기금의 설립과 활동을 평가하고 그것이 3월 31일 해산하는 것을 우려했다. 그러므로 아베 내각이 사죄에 대한 공식 성명을 내고, 위안부 문제를 부정하는 주장에 반론하도록 요구했다.

여러 과정이 있었지만, 이 결의는 마침내 6월 26일 미 하원 외교위원회에서 가결되었다. 아베 총리에 대한 불신·비판·압력은 사라지지 않고, 9월 지병인 난치병이 악화되어 아베는 정권을 내던졌다. 이는 전부 아시아여성기금이 해산한 후의 일이다.

## 입법적 해결방안의 전말

아시아여성기금을 비판했던 일본 운동단체는 기금이 해산했기 때문에 이전부터 자신들이 실현을 목표로 해왔던 '전시 성적강제 피해자 문제해결 촉진에 관한 법률안'의 실현을 위해 노력해야 했다.

이 법안은 2000년부터 민주·사민·공산 3당 의원이 참의원에서 의원입법으로 제안을 시작하여 2003년부터 매년 민주당의 오카자키 도미코岡崎トミ子 의원이 중심이 되어 3당 의원 공동 제안으로 제출했다. 위안부를 "전시 성적강제 피해자"라고 부르고, 총리부에 '전시 성적강제 피해자 문제해결 촉진회의'를 설치하고, 피해자에게 "사죄의 뜻을 표하고", "명예 회복 등에 도움이 되는 조치"로 "금전의 지급"을 실시한다는 내용의 법안이다. 이 법안도 도의적 책임론에 입각해 있었고, 아시아여성기금 사업의 대상이 되지 않았던 피해자를 대상으로 하는 것이었다. 정대협은 그 내용에 불만을 품으면서도 일본 국가의 법률이 제정

된다면 받아들이려고 생각해 지지하고 있다고 들었다.

2002년 7월 23일에는 내각위원회에서 법안 취지의 설명이 이루어졌다. 그때 제안자를 대표하여 공산당 요시카와 하루코吉川春子 의원은 "아시아여성기금의 쓰구나이긴은 전액 국민 모금에 의한 것으로, 정부 보상과는 성격이 다르지만, 이미 아시아여성기금의 쓰구나이긴을 수급한 피해자에게는 본 법에 의한 보상금과 이중 수급이 되지 않도록 조정하고자 한다"고 발언했다. 그러나 취지 설명까지 한 것은 이때뿐으로 항상 제안은 했지만 계속 심의하거나 폐안이 되었다.

그러나 기금이 해산된 2007년에는 아베 내각하에서 이 법안이 통과될 가능성은 전혀 없었다. 그해에는 법안의 제출조차 하지 못했다.

2009년 민주당이 정권을 탈취하자 사람들의 법안 실현에 대한 기대가 한꺼번에 높아졌다. 아닌 게 아니라 총리가 된 하토야마 유키오鳩山由紀夫는 이 법안의 관련 법안, '항구 평화조사국 설치 법안' 제안자의 필두에 있었고, '전시 성적강제 피해자 문제해결 촉진에 관한 법률안'을 위해 활동하고 있던 지바 게이코千葉景子, 오카자키 도미코岡崎トミ子 등은 입각할 것이라는 소문이 돌았기 때문이다. 그러나 이 법안의 추진은 집권을 노린 민주당의 매니페스토Manifesto에 포함되지 않았다. 그리고 신정권에서 오자와 이치로小沢一郎 간사장의 말 한 마디로 모든 의원입법이 불가능해지고, 이 법안이 민주당 집행부에서 논의되는 일도

없었다. 지바와 오카자키도 나중에 입각했지만 어찌할 도리가 없었다. 야당일 때는 가볍게 의원입법을 제안했지만, 집권 여당이 되자 책임이 커지게 되어 당내에서 의견이 대립하는 심각한 문제에 대해서 법안 제출은 생각할 수 없게 되었다.

그렇다면 민주당의 관련 의원들은 위안부 문제의 입법 해결이 불가능하다는 것을 확실하게 설명하고 지지자들에게 사죄하는 책임을 져야 했다. 그러나 그런 일은 하지 않았다.

민주당 정권에서 한 일은 2010년 8월 10일 '한국 병합' 100년을 맞아 간 나오토 총리 담화를 발표한 것이다. "정치적·군사적 배경하에 당시 한국 사람들은 그 뜻에 반하여 행해진 식민지 지배에 의해서 국가와 문화를 빼앗겼다"고 언급, 병합의 강제성을 인정한 점은 무라야마 담화의 역사인식을 한 걸음 진전시킨 것이었다. 그러나 구체적인 조치로는 조선왕조의궤 등 도서의 인도를 약속한 것뿐이다.

### 한국 헌법재판소 판결에 기대어

이러한 상황이었기 때문에 2011년 8월 30일 한국 헌법재판소가 내놓은 판결은 위안부 문제 해결을 위해 새로운 노력을 촉구하는 '하늘의 도움'이 되었다. 위안부 문제의 제2라운드가 시작된 것이다. 그러나 한국 외교통상부가 일본 외무성에 협의를 요구해도 교섭이 이루어지지 않았다. 법률문제로 한일이 다투어도 해결이 될 수 없다는 것이 일본 외무성의 태도였다. 이에 이명박 대통령은 그해 12월 17~18일 교토에서 열린 정상회담 석상에서 강한 어조로 위안부 문제의 해결을 노다野田 총리에게 요구했다. 노다 총리는 조약으로 해결이 끝난 문제지만 더 노력할 수 있는지 지혜를 짜내겠다고 표명했다. 그러나 그 후 일본의 움직임은 매우 느렸다.

나는 10월 말 민주당의 마에하라 세이지前原誠司 정조회장이 아시아여성기금에 대한 설명을 요청했을 때부터 민주당 정권에 협력하게 되었는데, 주로 사이토 쓰요시斎藤勁 관방부장관에게 조언을 했다. 연말에 한국에 있는 일본대사관 앞에서 1000번째 수요집회가 예정되어 있었기 때문에 그때까지 무언가 대책을 제시해야만 한다고 걱정하고 있었다. 서울 대사관 앞에 위안부 소녀상을 세운 날 일본에서도 위안부 문제의 해결을 요구하는 사람들이 외무성을 포위하는 인간띠 1,000명 시위를 했다. 여기에 저항하는 보수파 여성 '나데시코회 액션 2011'도 시위를 했다는 것을 알았다.

해가 바뀌어도 움직임은 없었다. 2012년 3월 1일 3·1독립운동 기념일이 되었다. 이명박 대통령은 또다시 이날 연설에서 위안부 문제의 해결을 촉구했다. 그로부터 여러 날 후 도시샤同志社대학 심포지엄에서 나는 일본의 위안부 문제 해결을 요구하는 운동단체의 전국연합 기관지(2월 10일 발행)를 받았다. 거기에는 주목할 만한 제안이 게재되어 있었다. '일본군'위안부'문제해결전국행동 2010' 공동대표 하나부사 도시오 명의의 호소문이었다. 하나부사는 관부재판을 지원하는 모임의 대표로, 1993년부터 운동을 계속해 온 사람이다. 1998년 4월 시모노세키 지방법원에서 위안부 문제 배상에 관한 입법 해결을 요구하는 판결이 나왔다. 따라서 입법 해결을 요구하는 운동에도 힘을 기울여, 민주당 정권이 탄생했을 때 전국적인 운동단체의 연합조직 '일본군'위안부'문제해결전국행동 2010'의 탄생에 관여하고 대표위원이 되었다. 그런 만큼 입법 해결의 가능성이 없다는 괴로운 현실을 직시하고, 이때는 민주당 정권의 정치 결단을 요구하는 것에 운동의 초점을 두었다. 하나부사의 제안은 다음과 같다.

> 노다 정권에 구체적인 해결을 요구하자. … 해결 내용을 언급할 때 ① 일본 정부의 책임을 인정하고 피해자의 마음에 닿는 사죄를 할 것, ② 국고에서 쓰구나이긴을 피해사에게 전달할 것, ③ '인도적 입장'이란 가해자 측인 일본 측이 사용할 용어가 아니다. 책임을 회피하는 용어로 피해자에게 상처를 입힌다 등을 포인트로 여러분의 의사를 전달하기 바란다.

나는 이것이 일본의 운동단체연합체 측에서 낸 획기적인 새로운 제언이라고 느꼈다. 그래서 즉시 하나부사의 의견을 사이토 쓰요시 관방부장관에게 전하고, 또 한국에서 같은 우려를 하는 친구들에게도 알렸다.

이 무렵 마침내 일본 정부에서 행동을 취하게 되었다. 먼저 사사에 겐이치로佐々江賢一郎 외무차관이 한국을 방문하여 외교통상부 측과 만나 해결 구상을 전달했다고 한다. 사사에 차관은 인도적인 조치라는 콘셉트로 이야기한 것 같다. 그러나 법적 해결을 생각하는 한국 측의 양해를 얻지 못했던 것 같다. 4월이 되자 이번에는 사이토 쓰요시 관방부장관이 방한하여 천영우 외교안보수석비서관에게 "① 총리가 이명박 대통령에게 사죄, ② 무토 마사토시武藤正敏 주한대사가 위안부였던 분에게 사죄, ③ 일본 정부의 보상" 등을 검토할 수 있다는 생각을 전달했다. 이는 『홋카이도신문』 5월 12일호 특종기사로 보도되었다. 이에 대해서도 대통령 수석비서관의 반응은 그다지 좋지 않았던 것 같은데, 4월 캐나다에서 만난 나의 한국 친구는 이것이 해결책이 될 수 있다고 전향적인 반응을 보였다. 그렇다면 한국의 운동단체인 정대협은 이 사이토 제안에 어떤 태도를 취했는지는 알 수 없다. 일본 운동단체의 공동대표 하나부사의 제안에 대해서도 정대협이 어떻게 반응했는지도 알 수 없다.

이런 상황에서 시간만 지나갔다. 결국 참지 못한 이 대통령이 일본에 압력을 가할 생각으로 8월 10일 독도 시찰을 결행했다. 이것은 현명한 방법이 아니었다. 중국과 센카쿠제도尖閣諸島 문제로 골머리를 앓고 있던 노다 총리와 겐바玄葉 외상은 독도가 일본 '고유의 영토'라며 격렬하게 반발하고 중의원은 "다케시마 불법 점거"를 즉시 중지하라고 결의했다. 한일관계는 공전의 대립상태에 빠져들었다.

## 해결 시도와 노다 총리

그러나 8월 15일 이 대통령의 연설은 매우 소극적인 것으로서 위안부 문제의 해결만을 촉구했다. 그리고 블라디보스토크에서의 APEC 정상회담 직전인 9월 초에 이 대통령은 청와대에 위안부 문제 전문학자를 부르려고 한다는 정보가 일본 정부에 전해졌다. 이 대통령은 어디까지나 위안부 문제의 해결을 요구하고 있으며, 다른 뜻은 없다는 것을 알게 되었다. 그래서 APEC 정상회담이 끝난 다음부터 다시 새로운 모색이 시작되었다. 11월 18일 캄보디아에서 ASEAN 플러스 3이 열리는데, 그때가 한일 정상회담의 기회라고 보고 최후의 노력을 시도했다. 나는 사이토 관방부장관이 조언해달라고 부탁하여 나름대로 노력했다.

2012년 10월 28일 사이토 관방부장관과 이명박 대통령의 특사 이동관이 도쿄에서 회담하고 다음과 같은 해결안에 대해 기본적으로 합의했다고 한다.

① 한일 정상회담에서 협의하고 합의한 내용을 정상회담 공동성명서로 발표한다.
② 일본 총리가 새로운 사죄문을 낭독한다. 종래에는 '도의적 책임을 통감'한다고 언급했지만, '도의적'을 제거하고 국가와 정부의 책임을 인정하는 문안으로 한다.
③ 대사가 피해자를 방문해서 총리의 사죄문과 사죄금을 전달한다.
④ 제3차 한일 역사공동연구위원회를 발족시키고, 그 안에 위안부 문제소위원회를 설치하여 한일 공동으로 연구하도록 위촉한다.

총리의 사죄편지가 아시아여성기금 사업과 관련해서 만들어졌지만, 문안이 아시아여성기금을 통해 '국민적 쓰구나이를 행하는 데 즈음해서' 편지를 보내는 것으로 되어 있기 때문에 그 편지는 더 사용할 수 없었다. '새로운 사죄문'이 필요해졌다. '도의적 책임을 통감'한다는 문안은 1995년 노력의 성과로, 현재도 일본 정부는 그 입장을 취할 수밖에 없지만, 사죄문에 '도의적 책임'이라는 단어를 넣는다는 것은 피해자에게 '법적 책임'은 인정하지 않는다는 것이 되기 때문에 적절하지 않다. '도의적'을 빼고 '책임'을 인정한다고 말하는 게 좋다고 생각한다. 금전적인 지금은 아시아여성기금이 존재하지 않기 때문에 전액 정부가 지출할 수밖에 없다. 아시아여성기금 시대에 일본 정부의 자금으로 '의료복지 지원'이라는 명목으로 300만 엔이 한국·타이완·네덜란드의 피해자 한 명 한 명에게 전달되었다. 예산상으로 어느 항목에서 돈을 지출해도 괜찮으니까 피해자에게 지급할 때는 일본 정부의 사죄 증거로 지급하는 것이 중요했다. 금액의 적정선은 300만 엔이 타당하고 생각했다.

총리의 사죄문은 한일 회담 석상에서 낭독하는 것이지만, 이전 총리의 사죄편지와 고노 담화, 아시아여성기금의 문서를 참고하여 새로 작성해야 한다고 생각했다. 내가 작성한 문안을 사이토 부장관에게 참고로 제출했다. 그것은 다음과 같다.

작년 8월 한국 헌법재판소 판결 후, 한국 대통령으로부터 몇 번이나 위안부였던 분들의 문제에 대해 새로운 노력을 해야 한다는 요구를 받았다. 일본 정부는 1993년 관방장관 담화로 이 문제에 대한 인식을 말하고, 피해를 입은 여성에 대한 사죄와 반성을 표명한 적이 있다. 이번 기회에 다시 한 번 과거 역사를 돌이켜 보며, 한국의 위안부였던 분들에게 일본 정부의 사죄의 뜻을 표하는 것이 필요하다고 생각하게 되었다.

이전 전쟁 시대에 군의 관여하에 위안소에 많은 여성이 모아져서, 일본군 장병에 대한 성적 행위를 강요당했다. 여성들이 거기에서 경험한 고통, 받은 정신적·육체적인 상처에 대하여 일본 정부는 책임을 벗어날 수 없다

나는 일본국 내각총리대신으로 다시 한 번 이른바 위안부로서 수많은 고통을 경험하고 심신에 걸쳐 치유하기 어려운 상처를 입은 모든 분들에게 마음에서 우러나는 사죄와 반성의 기분을 표하고자 한다.

우리는 앞으로도 과거 역사를 직시하고 진실을 추구하고 올바른 인식을 후세에 전달하도록 노력해 나갈 것이다. 그동안 위안부였던 분들이 우리에게 역사의 진실을 직시하도록 촉구한 것에 대하여 감사드린다.

이번에 일본 정부는 위안부였던 분들에게 사죄의 마음을 표시하는 증거를 내보이기로 했다. 이것으로 피해를 받은 분들의 고통에 보답이 되리라고는 생각하지 않지만, 어떻게든 우리의 기분을 받아주시기 바란다. 마지막으로 고령인 위안부였던 분들이 남은 인생을 편안하게 보내시기를 기원한다.

한국 측의 이동관은 해결방안의 내용을 대통령과 협의하고, 기본적으로 승인을 받았다고 들었다. 2014년 8월 한국 동북아역사재단이 아시아여성기금 이사장을 지낸 무라야마 전 총리를 초청하여 개최한 간담회 석상에서 이 씨는 "'도의적 책임을 인정한다'는 표현은 받아들일 수 없다. '책임을 벗어날 수는 없다'는 표현도 받아들일 수 없다. '책임을 통감한다'고 써주기 바란다. 300만 엔은 '사죄금'으로 예산에서 지급한다는 것을 명확히 해주기 바란다는 것을 사이토 부장관에게 요구하자, '총리를 설득해 보겠다'는 회답을 얻었다"고 발언했다.

그런데 한국 대통령은 이 안을 기본적으로 받아들였던 것 같은데, 노다 총리는 사이토 관방부장관의 보고에 대해 마지막 순간에 이 안을 받아들이지 못했던 것 같다. 노다는 2014년 1월

10일 『마이니치신문』과의 인터뷰에서 사이토 부장관이 한국 측에 제안한 3개 항목(2012년 4월안)에 대해 질문을 받고, "구체적인 3개 항목 제시에 대해 나는 알지 못한다"고 말하고, 정상회담에서 "지혜를 짜내보겠다는 식으로 대답"한 것은 "자신의 숙제"였다고 하여 "사이토와 외무성도 머리를 굴리는 레벨의 제시는 한국 측에 하고 있다. 그 가운데 하나의 이야기를 사이토 씨 말하는 것인지도 모르지만 그것을 내가 인정해서, 이것으로 하라고 말한 이야기는 아니다. 머리를 굴려 타진해서 … 반응을 본다는 것을 했는데, 무엇을 해도 반응이 없었다"고 말했다.

2012년 10월 대통령 특사와의 회담에서 합의된 이야기는 노다의 기억에서 빠져 있었다. 당시 10월 말부터 11월 말 전반은 중의원 해산으로 국면을 타개하려는 비책에 열중해서 사이토 부장관의 보고도 건성으로 듣고 넘긴 것이 아닌가 하는 생각이 들어 실로 유감이다. 그러나 이 합의 경험은 위안부 문제 해결에 있어 커다란 의미를 가진다고 생각한다.

제7장

# 위안부 문제의 해결을 위하여

### 운동단체의 새로운 제안

2012년 말 아베 제2차 정권이 탄생하면서 위안부 문제는 제3라운드에 들어갔다. 이때부터 위안부 문제를 둘러싸고 한일관계가 얼마만큼 심각한 대립을 겪었는지는 제1장에서 상세하게 설명했다. 그럼에도 불구하고 위기 속에서 기회의 창이 열렸다. 한일 운동단체가 위안부 문제 해결을 위하여 진지한 토론을 거듭하고 있다는 것이 분명해졌다.

'일본군'위안부'문제해결전국행동 2010'은 하나부사 공동대표 제안 후, 2012년 6월 회의에서 '법석 해결의 내용에 대하여 법률가를 포함하여 논의할 것'을 결정하고, 일본과 한국에서 각각 법률가를 포함한 태스크포스를 만들었다. 제1회와 제2회 한일 태스크포스 회의는 7월과 8월 서울에서 개최되었는데,[83] 어떤 진전이 있었는지는 모른다. 그 후 '전국행동 2010'의 개조가 있었고, 명칭에서 '2010'이라는 한정적인 단어를 삭제하고, 공동대표에서 하나부사 도시오가 퇴임하고 와타나베 미나渡辺美奈가 양징자와 함께 공동대표가 되었다고 들었다. 상황이 바뀐 2013년

6월에 도쿄에서 제3회 태스크포스 회의, 8월에 서울에서 제4회 회의가 열려 논의는 합의를 본 것 같다.

정대협은 1992년 8월 이후 '일본군'위안부' 문제 해결을 위한 아시아연대회의(약칭 아시아연대회의)'를 지속적으로 개최했는데, 2012년 제11차 회의를 타이완에서 연 후, 2013년에는 개최하지 않았다. 정대협 윤미향 대표는 2014년 5월 말 도쿄에서 제12차 회의를 개최할 것을 제안하여 합의를 얻어냈다. 일본 측은 이 회의에 4회의 한일 태스크포스 회의 토의 내용을 총괄하여 해결방안을 제안하기로 결정했다. 이를 위해 연대회의 실행위원회에 제언작성팀을 만들었다. 이 팀에 변호사 오모리 노리코, 가와카미 시로, 역사가 요시미 요시아키, 하야시 히로후미가 참석하기로 했다. 여기에서 정리된 안을 정대협과 협의하고 아시아연대회의에 제안했다. 아시아연대회의에서는 6월 1일 12시간에 걸친 토론 끝에 이 안을 수정하여 채택했다고 한다.

다음은 채택된 결의안인 '일본 정부에 대한 제언 – 일본군'위안부' 문제 해결을 위하여'의 전문이다.

**일본 정부에 대한 제언 – 일본군'위안부' 문제 해결을 위하여**

지금 전 세계는 여성에 대한 중대한 인권침해였던 일본군'위안부' 문제 해결을 일본 정부에 절실하게 요구하고 있다. 일본 정부가 일본군'위안부' 문제를 해결하는 것은 주변 국가들과의 관계를 정상화하는 첫 걸음이며, 세계 평화에 기여하기 위한 기초를 다지는 일이다. 따라서 '해결'이란 피해 당사자가 받아들일 수 있는 해결책을 제시했을 때 비로소 그 첫 걸음을 내디딜 수 있다.

그렇다면 피해자가 받아들일 수 있는 해결이란 무엇인가? 피해자가 원하는 해결에서 중요한 요소가 되는 사죄는 누가 어떻게 가해행위를 했는가를 가해국이 정확하게 인식하여 책임을 인정하고, 이를 애매하지 않은 명확한 표현으로 국내에서도 국제적으로도 표명하고, 그러한 사죄가 진지한 것이라고 믿을 수 있는 후속조치가 수반할 때 비로소 진정한 사죄로 피해자들이 받아들일 수 있다.

전후에도 심신에 상처를 안고 피해를 회복하지 못한 채 고통스런 인생을 살아온 피해자들이 고령화된 지금, 일본이 이 문제를 해결할 수 있는 시간은 이제 얼마 남지 않았다. 제12차 일본군'위안부' 문제 해결을 위한 아시아연대회의에 참가한 피해자와 지원단체와 참가자인 우리는 일본 정부가 고노 담화를 계승, 발전시키고, 아래와 같은 사실을 인정한 위에 필요한 조치를 취할 것을 요구한다.

일본군'위안부' 문제 해결을 위해 일본 정부는

1. 다음과 같은 사실과 책임을 인정할 것

① 일본 정부 및 일본군이 군 시설로 위안소를 입안·설치하고, 관리·통제했다는 점

② 여성들이 본인들의 의사에 반해 '위안부·성노예'가 되었고, 위안소 등에서 강제적인 상황에 놓였었다는 것

③ 일본군에게 성폭력을 당한 식민지, 점령지, 일본 여성들의 피해

는 각각 다른 양태이며, 또한 그 피해가 심대했고, 현재도 지속
되고 있다는 점

④ 일본군'위안부'제도는 당시의 여러 국내법·국제법에 위반되는
중대한 인권침해였다는 점

2. 위 인정에 기반하여 다음과 같은 피해회복 조치를 취할 것
① 번복할 수 없는 명확하고 공식적인 방식으로 사죄할 것
② 사죄의 증거로 피해자에게 배상할 것
③ 진상규명
  - 일본 정부 보유 자료 전면 공개
  - 일본 국내외에서의 새로운 자료조사
  - 국내외의 피해자와 관계자의 증언조사
④ 재발 방지 조치
  - 의무교육과정의 교과서 기술을 포함한 학교교육·사회교육 실시
  - 추모사업 실시
  - 잘못된 역사인식에 근거한 공인의 발언 금지 및 공인 외 발언에
    대해서는 명확하고 공식적으로 반박할 것 등

이 제안은 지금까지 한국, 일본의 운동단체가 주장해 온 해
결책과 커다란 차이가 있다는 것을 한눈에 알 수 있다. 그것은
말할 것도 없이 법적 책임을 인정하고 전쟁범죄로 인정하라는
것이 써 있지 않았다는 것이고, 범죄에 대한 징벌로서의 배상,

범죄 책임자의 처벌이 써 있지 않다는 것이다. 그렇다면 운동단체가 자신들의 요구가 실현될 수 없다는 것을 알고 실현하기 쉬운 요구로 수위를 내린 것이라고 생각하는 사람도 있을지 모르겠다. 그러나 나는 그렇지 않다고 보고 있다. 25년에 걸쳐 운동을 계속해온 셈이지만, 당연히 해결에 이르지 못하는 운동은 고정화하고 매너리즘에 빠진다. 중요한 것은 피해자가 정말로 무엇을 바라고 있는지를 몇 번이고 당사자의 처지에 되돌아서서 요구를 표현하고 수정하는 것이다. 피해자는 자신이 받은 고통의 핵심이 무엇이라고 여기는지, 그 고통을 자신에게 가한 책임자가 누구라고 생각하는지, 그 책임자에게 어떤 사죄를 받고 싶은지, 이러한 것을 깊게 다시 생각해 봄으로써 자신들의 요구항목을 더욱 예리하고 분명하게 표현할 필요가 있다.

  이 제안의 기초자는 그렇게 생각해 이런 제안을 하게 되었다고 솔직하게 말하고 있다. 위안부 피해자들은 자신들이 받은 고통의 중핵을 일본군위안소 등에서 일본군 장병에게 성적 봉사를 강요당한 사실, 거기에서 강요당한 것은 자신의 의사에 반하는 것이었다고 생각하는 사람들이다. 고통을 가한 것은 직접적으로는 일본군 장병이지만, 그렇다고 해서 그들에게 사죄하라고 할 생각은 없다. 책임은 위안소를 만들고 전쟁을 한 일본군, 일본이라는 나라에 있다. 따라서 일본 정부를 대표하여 국가 책임을 인정하고 사죄하기를 바라는 것이다. 법적 책임이 어떻다든지, 도의적 책임이 어떻다든지 하는 논의보다 책임을 인정하고 사죄한다는 말을 듣고 싶다. 사죄의 방법은 어떠해야 하는지를 물으면 진지한 사죄이기를 바란다. 그것이 전달될 수 있도록 해주기를 바랄 뿐이다. 위안부 피해자는 그렇게 생각하고 있다고, 제안의 기초자는 생각하기에 이르렀을 것이다.

사죄의 내용으로 네 가지가 포함되어야 한다고 하고 있는데, 첫 번째는 고노 담화에서 실질적으로 인정하고 있지만, 그 후에 발견된 자료(제2장의 (나) 자료 등)에서도 명백하게 밝혀졌다. 두 번째는 제안 기초자의 생각으로는 고노 담화에서 인정되었다는 것이다. '성노예'라는 말이 추가되었지만, '위안부'라고 해도 '성노예'라고 해도 달라지지 않는다는 의도라고 읽었다. 세 번째는 아시아여성기금이 실천에서 식민지 조선, 타이완, 점령지 필리핀, 네덜란드의 피해자 전부를 대상으로 해왔기 때문에 지적하는 것은 충분히 인식하고 있다. 일본인위안부 문제는 지금까지 다루지 않았지만 앞으로 국민의 논의 향방을 보고 정해야 할 것이다. 네 번째 '인권침해'라는 것은 누구도 부정할 수 없을 것이다.

사죄가 진지한 것이라는 것을 표시하기 위한 조치가 필요하다고 되어 있는데, 가장 중요한 것이 "사죄의 증거로 피해자에게 배상하는 것"이다. 이것이 의미하는 바는 사죄의 증거로 정부가 피해자에게 금전적 지불을 하는 것이다. 이것은 당연한 일이다.

특별히 이번 결의안은 실로 주목할 만한 제언이라고 생각한다. 한국과 일본의 운동단체가 이러한 해결책을 요구하는 것이라면 한일 양국 국민도 언론도 위안부 문제의 해결책을 고려하는 가운데, 이 운동단체의 제안을 검토하여 공통의 해결 제안을 만들어 가는 것이 가능할 것이다.

## 위안부 문제 진상규명

위안부 문제의 해결은 역사인식의 공유 없이는 불가능하다. 그 점에서 한국 정부가 작년에 위안부 문제 백서 발간을 추진한다고 결정한 것을 주목한다. 이것은 실질적으로 1992년 7월에 발간된 한국 정부의 「일제하 군대위안부 실태조사 중간보고서」를 개정하여 최종보고서를 내겠다는 시도다. 한국 정부의 여성가족부는 이 보고서 초안을 작성하는 것을 국민대학교 일본학연구소 소장 이원덕 교수에게 의뢰하고, 이 교수를 중심으로 연구위원회를 조직하여 연구를 개시했다. 때마침 『아사히신문』 위안부 보도 검증이 커다란 화제가 되기도 해서, 이원덕 위원회는 위안부 문제의 해결을 위하여 한일 공통의 위안부 문제 인식의 확립을 목표로 노력하고 있는 것 같다. 일본의 연구자, 관료, 저널리스트, 아시아여성기금 관계자 등으로부터 폭 넓게 의견을 듣고, 그들의 식견을 원고 작성에 반영하려 한다고 들었다. 1991년부터 시작된 위안부 문제의 진상규명을 위한 한일 협력의 총 마무리가 될 이 작업은 일본의 우리에게도 중요하다.

일본에서 계속해서 나오고 있는 '일본군에 의한 강제연행'은 없었다는 주장은 당연히 검토해야 한다. 정신대 동원과 위안부 모집과는 관계가 없다는 결론은 이미 1992년 한국 정부의 중간보고서에서 명확하게 밝혔지만, 요시다 세이지 증언을 채용하여 1943년 무렵부터 '노예사냥'과 같은 방식을 취했다고 기술하고 있다. 이번에는 현지 제주도를 조사하고 확실한 검증 결과를 밝힐 필요가 있다. 일본에서는 요시다 세이지 증언에 신빙성이 없다는 것이 모두 일치된 의견인 바, 한국 측도 확실한 결론을 내려야 한다. 또한 위안부 인원수가 20만 명에 이른다는 설이 떠돌아다니는 것에 대해서도 답을 해야 한다.

보고서의 초안은 금년(2015) 12월까지 완성할 예정이라고 한다. 그것이 한국과 일본에서 모두를 설득할 수 있는 내용이 된다면 위안부 문제 해결의 중요한 한 가지 요소가 될 것이라고 생각한다.

### 한일 정상의 책임

위안부 문제를 둘러싸고 한일관계가 험악해진 것은, 아베 총리가 일본에서 재등장하고, 이어 한국에서 박근혜 대통령이 출현하고, 박 대통령이 위안부 문제의 해결을 요구하고, 이것을 한일 정상회담의 조건으로 삼으면서부터다. 아베 총리는 무조건 정상회담을 하고 싶다는 태도를 취했다. 그래서 완전히 막혀버렸다. 일본에서는 아베 총리를 지지하는 주간지가 박 대통령을 공격하고, 반한캠페인을 펼쳤다.

물론 박 대통령의 강한 의지는 이해할 수 있다. 박 대통령은 동북아시아 최초의 여성 대통령이다. 위안부 문제가 제기되고 나서 25년, 사반세기가 경과하려 하고 있다. 위안부 문제를 꼭 자신이 해결하고 싶다고 생각하는 것은 자연스러운 일이다. 박 대통령이 반복해서 말하는 것처럼 현재 건재하신 50명 정도의 할머니들을 위해서는 해결의 때를 놓쳐서는 안 된다.

한편 아베 총리는 고노 담화, 무라야마 담화의 수정을 바라고 있지만, 일본국 총리로서 이 두 담화를 전체적으로 계승하겠다는 입장을 취하게 되었다. 그러나 자신이 나서서 위안부 문제에 대한 추가 조치를 취할 생각은 없을 것이다. 그러나 일본국 총리로서 한일관계는 꼭 개선해야만 한다. 이 때문에 한일 정상회담도 어느 시점에서는 개최해야 한다고 각오하고 있을 것이다.[84] 이대로 밀고 나가면 박 대통령이 굽히고 들어올 것이라고 생각하고 있다면 그것은 한국인을 전혀 이해하지 못하고 있는 것이다. 반대로, 한일관계를 개선하기 위해서는 위안부 문제에 대해 전향적인 태도를 취해야 한다는 것을 인정하면 아베 총리는 행동에 나설 것이다.

위안부 문제의 해결을 요구하고 있는 박 대통령이야말로 이

니셔티브(주도권)를 줄 수가 있다. 아베 총리는 고노 담화를 계승한다고 말하고 있기 때문에 정상회담 개최의 최저 조건은 갖추었다고 하여 회담을 개최하고 아베 총리에게 함께 위안부 문제를 해결하자고 호소하는 것이 좋다고 생각한다. 아베 총리로부터 '생각해 보자. 지혜를 내보자'는 말을 끌어내면 회담은 성공이다. 그다음은 외교 당국이 협의할 수 있고, 양국의 시민사회가 해결가능한 방안에 대해 논의하여 결론을 낼 수 있다. 이미 살펴본 것처럼, 양국의 운동단체가 새롭게 주목할 만한 제안을 공동으로 제기하고 있다. 피해자 할머니도, 한국과 일본의 운동단체도, 양국 언론과 외교부도 합의하는 해결방안을 도출해야만 아베 총리와 박 대통령도 합의할 수 있다. 이런 식으로 추진하지 않고 아베 총리가 자신의 위안부 문제 해결방안을 일방적으로 제시하면 위안부 문제 해결 가능성은 사라져 버릴 것이다. 아베 총리도 박 대통령이 받아들일지 어떨지 확실하지 않은 해결방안을 제시할 리는 없다.

### 가해국과 피해국의 협력

가해국과 피해국이 과거의 역사를 극복하고 미래를 향해 나아가려고 화해하기 위해서는 가해국 측의 역사인식과 사죄가 먼저 필요한 것은 말할 필요도 없다. 사죄가 기본적으로 이루어지면 그것을 살려 나가기 위해서는 특히 심각한 피해를 받은 개인에 대한 특별한 사죄와 그 사죄를 표시하고 뒷받침하는 속죄 조치를 추진한다, 성실하게 지속적으로 노력하는 것이 필요하다. 그러나 피해를 입은 개인이 그 사죄를 받거나, 추가 조치를 받아들이는 데에는 가해국 국민의 좋은 마음이 확산되고, 피해국 동포의 지지와 협력이 없으면 안 된다. 사죄를 했다면 속죄 조치를 성공시키기 위해서는 피해국과 가해국의 정부와 국민의 공동 노력이 필요하다. 그렇지 않으면 화해는 불가능하다. 위안부 문제가 제기되고 나서부터 25년간의 일본과 한국 양 국민의 발자취를 돌아보면서 나는 이렇게 생각한다.

글을 마치며

이 책을 다 쓰고 난 후, 이전에 외무차관을 지낸 베테랑 외교관이 쓴 역사를 되돌아보고 앞으로 일본의 나아갈 길을 생각한다는 내용의 책을 읽었다. 그 책의 저자는 위안부 문제에 대해 "당분간 방치하는 것이다. 일본은 섣불리 움직이지 않는다는 시나리오다"라고 제언하고 있다. 게다가 "① 일본이 고노 담화를 수정할 생각은 없다. ② 위안부 분들에게는 마음으로부터 사죄를 하고 위로금見舞金도 주었다. ③ 정부 보상은 한일기본조약의 청구권 상호 포기 합의가 있기 때문에 시행할 수 없다라는 국제 표준에 따른 입장을 견지한다면 미국도 더 이상 일본에게 무언가를 해야 한다고 요구할 수는 없을 것이다"라고 말하고 있다.[85]

한국과 정상회담을 하기 위해 무리할 필요는 없다. 시간이 흐르다 보면 움직임이 나올 것이라고 말하고 있는 것이다. 이 저자는 역사를 되돌아보고 무엇을 배운 것일까 생각했다. 위안부에게 '마음으로부터의 사죄'를 하고 '위로금'을 주었다고 하는 것은 아시아여성기금에서 한 것으로 이미 충분하다고 말하는 것 같다. 하지만 지금도 아시아여성기금이 '위로금'을 주었다고 말하는 것은 아시아여성기금을 전혀 이해하지 못한 사람의 주장이다. '마음으로부터의 사죄'라는 점에도 문제가 있다. 아시아여성기금의 한국 사업은 피해자 다수에게 받아들여지지 않았고, 목적을 달성하지 못했다. 그렇기 때문에 문제는 아직 해결되지 않은 상태다. 고노 담화를 계승한다고 말하면 그것의 실천인 아시아여성기금 사업을 완성하지 못한 이상, 그 사업의 문제점을 밝히고 추가적으로 새로운 조치를 취하는 것이 필요하다. 그러한 노력을 할 생각이 없다면 정상회담은 언제까지나 열릴 수 없고, 양국 국민의 대립 감정은 악화되기만 할 것이다.

앞에서 언급한 베테랑 외교관의 책을 읽고 나는 더 빨리 이 책을 냈어야 했다고 반성했다. 늦었지만 이 책을 읽고 아시아여성기금의 진실한 모습, 그 사업의 장점과 단점을 분명히 인식하여 앞으로 나아갈 길을 고려하는 데 도움이 되었으면 좋겠다고 다시 한 번 강하게 생각했다.

한편, 위안부 문제 해결을 목표로 여러 해에 걸쳐 운동을 계속해 온 사람들 가운데 2014년 6월에 나타난 새로움 움직임은 2015년 봄 이후, 드디어 본격적으로 확산되고 있다. 심포지엄 '위안부 문제, 해결은 가능하다'가 한일 운동단체 대표자인 양징자와 윤미향 등에 의해 4월 23일에 참의원 의원회관에서 열렸다.

그 안내문에 해결은 "피해자가 받아들일 수 있는 해결책을 일본 정부가 제시하는 것"에 의해서만 가능하다고 적혀 있다. 또한 피해자가 받아들일 수 있고 일본 정부가 실행할 수 있는 분명한 해결책이 있으며, 작년 6월에 자신들이 발표한 '일본 정부에 대한 제언'은 그러한 제안이라는 확신이 표현되어 있다.

나는 이 제언에 계속 주목해 왔다. 이 책을 쓴 동기도 이 제언과 관계있다. 고노 담화에 기초하여 일본 정부가 해온 모든 일에 입각하면 이 해결책은 지금 실행할 수 있을 것이라고 생각하기 때문이다. 이러한 움직임을 주도하는 사람들에게 아시아여성기금에 대한 의견을 물으면 아마 아직 비판만 강할 것이다. 하지만 1995년에 아시아여성기금을 통해 위안부 피해자에게 사죄와 보상을 전하고 싶다고 생각한 일본 국민과 손잡고 나아가지 않으면 2015년의 일본에서 정부에 '피해자가 받아들일 수 있는 해결책'을 실행하도록 하는 것은 불가능할 것이다. 이 책은 그러한 면에서도 새로운 독자를 얻게 될 것을 기대한다.

아시아여성기금의 경험을 재검토하는 일을 진행하기 위해 많은 사람들의 협력과 원조를 받았다. 작년에는 도쿄대학 현대한국연구센터에서 센터장인 기미야 다다시木宮正史의 판단으로 3회에 걸쳐 위안부 문제를 생각하는 연구회가 열렸다. 7월 17일에 '한국정신대문제대책협의회 20년사를 둘러싸고'라는 주제로 보고해 준 서울대학교 교수이자 전 정대협 대표 정진성, 9월 26일 '요시다 세이지 증언과 매스컴 보도를 둘러싸고'라는 주제로 나와 함께 보고한 같은 센터 도노무라 마사루外村大, 12월 10일에 박사논문「위안부 문제와 '쓰구나이'의 폴리틱스: 여성을 위한 아시아평화국민기금을 중심으로」에 대해 보고해 준 쓰치노 미즈호土野瑞穂,[86] 해설을 맡아준 니가타국제대학新潟国際大学의 구마가이 나오코熊谷奈緒子에게 감사한다. 3회 모두 연구자·저널리스트·출판인·시민운동가가 모였고, 그 토론에서 많은 것을 배울 수 있었다.

또한 2014년 8월 22일에는 한국에서 동북아역사재단 주최 '무라야마 전 총리 초청 한일 역사문제 전문가 토론회'가 열려 나와 무라야마 도미이치 전 아시아여성기금 이사장이 함께 참가하여 한국의 연구자·시민운동가 앞에서 아시아여성기금에 대해 이야기를 했다. 진지하게 토론해 준 점에 대해 감사한다.

같은 해 11월 9일에는 도쿄에서『디지털기념관 위안부 문제와 아시아여성기금』[87]의 출판기념회가 열려 기금 관계자가 모였다. 이 책은 기금 해산 당시에 인터넷상에서 게재한 디지털기념관의 내용을 책으로 만든 것이다. 이곳에 모인 사람들이 나눈 이야기는 아시아여성기금의 활동을 잊어서는 곤란하고, 그 경험을 살렸으면 좋겠다는 바람으로 꽉 차 있었다.

이러한 다양한 토론, 집회 가운데 나는 아시아여성기금에서의 경험을 되돌아보고 오늘날 한일관계의 위기 속에서 위안부 문제 해결의 길을 생각하면서 이 책을 썼다.

이 책이 이러한 형태로 간행하게 된 것은 전적으로 편집자인 세키 마사노리關正則의 열의 덕분이다. 원고를 읽어준 세키의 격려에 의지하여 계속 써 나갈 수 있었다. 감사하게 생각한다.

2015년 4월 6일

와다 하루키

보론

1. 위안부 문제의 해결은 가능한가
2. 한일 외교장관회담 합의에 대한 고찰

# 1. 위안부 문제의 해결은 가능한가[88]

11월 2일, 마침내 한일 정상회담이 서울에서 열렸다. 박근혜 대통령은 위안부 문제의 연내 해결을 요구하며 위안부 피해자가 받아들일 수 있고, 한국 국민이 납득할 수 있는 수준의 해결을 요구했다. 아베 신조 총리는 미래 세대에게 장애가 되는 일이 없도록 "가능한 한 조기 타결을 목표로 교섭을 진전시키는 것에 합의했다"고 발표했다. 이는 획기적인 전개이자 결정적인 전환이었다. 그런데 일본과 한국에서는 이 정상회담 발표에 대해 회의적으로 보도되었고, 사람들도 반신반의하는 분위기였다.

지금까지의 과정을 검증하고, 지금 일어난 사태가 어떤 것인지 진단하고, 의문이 제기되고 있는 것은 무엇인지를 살펴보자.

## 정상회담까지의 길

지금 생각해보면 그것은 예언적인 집회였다. 2015년 봄에는 아베 총리가 위안부 문제의 해결을 요구하는 한국의 박근혜 대통령에게 어떻게 응답할 것인지를 전혀 알 수 없었다. 이러한 상황에서 일본군'위안부'문제해결전국행동이 4월 23일, 국회 의원회관에서 심포지엄 '위안부 문제, 해결은 가능하다'를 개최했다. 양징자·윤미향·와다 하루키 3명이 2014년 6월에 발표된 제12차 아시아연대회의의 해결안을 크게 지지했다. 나는 발언 마지막에 다음과 같이 말했다.

지금은 박근혜 대통령이 아베 총리와 만나는 기회에 "고노 담화를 계승한다면 함께 위안부 피해자에게 무엇을 할 수 있는지 생각해 봅시다. 함께 문제를 해결합시다"라고 호소하여 아베 총리로부터 "합시다. 생각하겠습니다"라는 답을 얻어내는 것이 중요하다. 그렇게 한다면 아시아연대회의의 2014년 6월 제안을 중심으로 토론의 폭을 넓혀, … 한일 양국의 국내에서도 거듭해서 하나의 해결안을 내세워 외교 교섭에 힘을 싣는 것이 가능합니다.

5일 후인 4월 28일, 아베 총리는 워싱턴에서 오바마 대통령과 정상회담을 했다. 그후 열린 기자회견에서 위안부 문제에 사죄할 것이냐는 기자의 질문에 다음과 같이 답했다.

위안부 문제에 대해서는, 인신매매의 희생이 되어 필설로 다 하기 어려운 힘든 일을 경험한 분들을 생각하면 매우 마음이 아프다. 이 점에 대해서는 역대 총리들과 변함이 없다. 고노 담화는 계승하고, 재검토할 계획은 없다. 이러한 관점에서 일본은 위안부 분들의 현실적 구제 관점에서 다양한 노력을 해왔다. 20세기에는 한 차례 분쟁이 발생하면 여성의 명예와 존엄이 깊이 상처 받은 역사가 있었다.

나는 작년 유엔 총회에서 분쟁하에서의 성적 폭력을 없애기 위해 일본이 국제사회의 선두에 서서 리드해 나갈 것을 약속했다. UN Women을 비롯한 국제적인 틀에 대해 2014년에는 약 1,200만 달러의 협력을 했고, 2015년에는 약 2,200만 달러의 협력을 결정했다.

이것은 제2기 아베 총리가 위안부 문제에 대해 반성을 표명한 최초 발언이자 분명히 미국 정부로부터 거듭되는 요청에 대해 자신의 긍정적인 자세를 나타낸 것이었다.

6월에는 한국의 박근혜 대통령이 미국을 방문할 예정이었지만, 메르스MERS 소동으로 취소되었다. 6월 11일, 박근혜 대통령은 예정되어 있던 『워싱턴 포스트』와의 인터뷰에서 위안부 문제에 대한 일본과의 교섭에 대해 놀라운 발언을 했다.

아베 총리에 대해 언급하자면, 나는 그와 이야기를 나눌 많은 기회를 가져왔다. 위안부 문제에 대해서는 상당한 진전이 있었고, 우리는 교섭의 최종 단계에 와있다. 때문에 우리는 매우 의미 깊은 양국의 국교정상화 50주년을 맞이할 것이라고 기대해도 좋다.

놀란 기자가 "진전에 대해 설명해 달라"고 말하자, 박 대통령은 "분명히 이것은 무대 뒤의 절충이기 때문에 내가 교섭 내용을 밝힌다면 부주의하다고 할 것이다"라고 답했다.

이 발언에 대해서는 일본 정부통도 부정적이었고, 믿을 수 없다는 견해가 많았다. 하지만 한국 대통령이 방문 예정이었던 미국을 향해 이러한 보고를 한 이상, 어떠한 절충, 진전이 없을 리는 없었다. 분명히 4월 이후에 아베 총리와 박근혜 대통령 사이에 절충이 있었다고 생각하는 것이 자연스러웠다. 양국 외교부 아시아국장이 2014년 이후 정기적으로 만나 이야기를 하고 있다는 것은 알려졌었지만, 교섭을 한 것은 아니라고 확인되었다. 그렇다면 비밀 교섭을 하고 있는 사람은 국가안전보장회의(NSC) 사무국장 야치 쇼타로谷内正太郎와 대통령 비서실장 이병기였을 것이라고 추측할 수 있다. 이병기는 전 주일대사, 국가정보원 원장을 역임한 인물이다. 그 후 『요미우리신문』에 야치와 이병기의 비밀 교섭을 시사하는 기사가 실렸다(7월 14일).

이러한 절충이 있었기 때문에 윤병세 외교장관의 방일이 결정되었고, 6월 21일에 처음 방일한 한국 외교장관과 기시다 후미오 외무상이 회담하여 '위안부 문제는 지금까지의 대화를 계속한다. 일본 근대 산업시설의 유네스코 세계유산 등록은 상호의 제안을 지지한다. 가까운 시기에 정상회담 개최를 목표로 한다'고 합의한 사실이 밝혀졌다. 그리고 6월 22일에 양국 정상은 한일 국교 50주년 기념행사에 각각 출석하는 우호적인 퍼포먼스를 선보였다.

그런데 7월 4~5일에 열린 유네스코 회의에서 일본의 군함도軍艦島 등 세계유산 등록과 관련하여 한국 측이 일본 정부가 '강제노동'이 있었다고 인정했다고 한 일로 일본 정부, 관저가 격노했다. 이후 외교부 차원에서의 국장 협의도 이루어지지 않게 되었다.

8월 6일, 아베 총리 담화를 위해 설치된 21세기 구상 간담회(기타오카北岡 간담회)의 보고서가 발표되었다. 나중에 간담회 일원인 나카니시 데루마사中西輝政 교토대학 명예교수는, 이 보고서의 당초 제안에는 '위안부에 대한 일본 정부의 한층 더 진전된 사죄와 보상이나 배상을 위해 새로운 기금을 일본 정부가 준비할 것을 요구하는 취지의 제언'이 포함되어 있었다고 밝혔다(『산케이신문』 9월 15일호 「세이론」란). 이러한 사실은 『세이론』 11월호에서도 언급하고 있다. 이러한 제안은 나카니시 등의 노력으로 삭제되었다고 한다. 하지만 이러한 취지가 당초의 안에 포함되어 있었다면, 모든 것을 아베 총리와 논의하여 진행하였을 기타오카가 아베 총리의 의사를 받아들여서 한 것이라고 생각할 수 있다. 즉, 아베 총리의 머릿속에는 이러한 해결안도 있었다는 것을 알 수 있다.

8월 14일, 아베 총리는 기타오카 간담회 보고서를 토대로 하여 자신의 전후 70년 담화를 발표했다. 이 담화에서 러일전쟁을 무조건 찬양함으로써 이 전쟁의 결과인 한국의 보호국화, 5년 후의 한국 병합, 식민지화에 대한 반성에 대해서는 언급하지 않았지만, 만주사변 이후의 잘못된 국책, 전쟁의 길을 걸은 것에 대해서는 반성을 표명했다. 하지만 아베 총리는 '중국으로의 침략'이라는 표현은 기타오카 간담회 보고서로 마무리하고 자신은 반복하지 않았다. 게다가 아베 총리는 "전장의 그늘에는 명예와 존엄을 깊이 상처받은 여성들이 있었다", "전시하에서 많은 여성들의 존엄과 명예가 깊이 상처받은 과거"라고 두 번에 걸쳐 언급하였고, "잊어서는 안 된다", "가슴에 새기겠다"고 약속했다. 아베 총리는 분명히 미국과 한국을 향해 위안부 문제에 대해 노력할 용의가 있다고 암시한 것이다.

그렇기 때문에 한국 정부의 반응은 적극적이었고 건설적이었다. 박근혜 대통령은 8월 15일 광복절 연설에서 아베 담화에는 "유감스러운 부분이 적지 않다"고 말하면서도 역대 내각 담화의 계승을 언급하고 있는 점에 주목하여 앞으로는 "성의 있는 행동"이 필요하다고 말하면서 위안부 문제의 조기 해결을 요구했다.

9월 2일, 박근혜 대통령은 다시 미국의 견제를 무릅쓰고 베이징의 대일 전승 70주년 기념행사에 참가하여 군사 퍼레이드를 참관했다. 한국 대통령은 이례적인 극진한 대우를 받았다. 이 때

박근혜 대통령은 시진핑習近平 주석에게 서울에서의 한중일 삼국 정상회담 개최에 대한 합의를 얻었다. 이 삼국 정상회담 때 한일 정상회담을 개최하여 미국뿐 아니라 중국의 지원도 받아 아베 총리에게 최후 압력을 가할 무대를 준비한 것이다.

10월 13일, 박근혜 대통령은 미국을 방문하여 가장 먼저 유엔총회에서 연설했다. 연설에서 분명하게 위안부 문제의 해결을 요구했다.

> 올해는 '여성, 평화와 안보를 위한 유엔 안보리 결의 1325호'가 채택된 지 15년을 맞는 해로서, 국제사회가 분쟁 속의 여성 폭력에 더 큰 관심을 가져야 합니다. 무엇보다 2차 대전 당시 혹독한 여성 폭력을 경험한 피해자들이 이제 몇 분 남아있지 않기 때문입니다. 이 분들이 살아계실 때, 마음의 상처를 치유할 수 있는 해결책이 조속히 마련되어야 합니다.

박근혜 대통령은 오바마 대통령과의 공동 기자회견에서는 위안부 문제를 언급하지 않았다. 오바마 대통령도 역사문제의 해결이 필요하다고 했을 뿐이다. 하지만 워싱턴에서 발표한 한미의 메시지는 매우 명확했다.

10월 17일이 되자 한중일 삼국 정상회담에 이어 한일 정상회담이 개최된다고 밝혀졌다. 일본 정부는 박근혜 대통령의 전제조건을 받아들여서 정상회담을 하는 것은 아니라는 것을 과시하기 위해 일부러 위안부 문제는 해결이 완료된 문제인 것처럼 발언을 했다.

10월 21일, 아베 총리에게 위안부 문제 해결을 위해 결단을 요구하는 여성들의 긴급성명이 우에노 지즈코上野千鶴子, 야마자키 도모코山崎朋子, 다카하시 히로코高橋広子, 시게토 미야코重藤都 등에 의해 발표되었다. 한국의『연합뉴스』는 "일본 여성 1,500명이 다음 달 1일에 열릴 예정인 한일 정상회담을 앞두고 아베 신조 총리에게 군위안부 문제 해결을 촉구하는 긴급 성명을 발표했다"고 보도했다.

같은 날,『아사히신문』디지털판에 한일 의원연맹 간사장인 가와무라 다케오河村建夫의 인터뷰가 실렸다. 가와무라는 정상회담에서 위안부 문제 해결을 위해 노력할 것을 확인해야 한다며, 구체적인 일본 측의 노력으로 아시아여성기금 해산 후의 보완 사업의 확충을 제안했다. 외무성은 2007년 기금 해산 후, 매년 1,000만~1,500만 엔의 예산을 들여 한국·타이완 등 기금사업을 받아들였던 국가의 피해자를 중심으로 위문이나 위로 등의 활동을 계속하고 있었다. 이 예산을 확충하여 위안부 피해자에게 무언가 할 일을 생각해야 한다는 것이었다. 하지만 너무 소극적인 이 제안에 대해서도 스가 요시히데菅義偉 관방장관은 다음 날 그것은 가와무라의 개인적인 의견이고 정부의 입장은 "해결 완료"라고 말했다(『산케이신문』10월 22일).

10월 23일에는『동아일보』가 도쿄특파원의 기사를 실었다.

기사는 정상회담을 목표로 "일본 정부가 … 일본군'위안부' 문제 해결방안을 내부적으로 만들었다는 것이 밝혀졌다. 일본 정부가 직접 예산을 투입하여 정부 주도의 기금을 만드는 것이 핵심이다"고 밝혔다. 또 "아시아여성기금이 해산했을 때 남은 돈이 있다. 거기에 정부 예산을 추가하여 새롭게 3억 엔 이상의 기금을 만들 계획이라는 것", 게다가 '책임' 문제와 관련하여 "이중적인 해석이 가능한 표현을 사용한다는 것이 밝혀졌다"고 보도했다. 운동단체가 요구하는 '법적 책임'이라는 표현도 일본 정부가 주장하는 '도의적 책임'이라는 표현도 포기하고 '정부가 책임을 느끼고' 등의 표현을 사용하는 것이 고려되고 있다는 것이다. 이 기사는 복수의 한일 고위 외교 소식통으로부터 취재한 결과라고 밝혔다.

먼저 아시아여성기금이 해산했을 때 남은 돈이라는 점인데, 아시아여성기금에는 정부로부터 거출금과 보조금, 두 종류의 돈이 제공되었다. 거출금이란 의료복지사업에 사용하는 자금으로서 13억 3,059억 엔이 할당되었고, 이 중 의료복지로 한국·타이완·필리핀·네덜란드·인도네시아에 11억 2,900만 엔 이상이 사용되었다. 정부에는 나머지 1억 7,800만 엔을 반환했다. 그 돈을 사용하는 것을 정부 지출의 재원이라고 설명하는 논리로 사용할 수 있다는 주장인 것 같다. 또한 '법적 책임'과 '도의적 책임'을 언급하지 않고 그냥 '책임'이라고 한다는 생각은 노다 요시히코 野田佳彦 정권 시대의 해결책 논의에서 나온 것이다. 그렇다고 한다면 외무성에서 해결책을 논의할 때에 이러한 의견도 있을 수 있었을 것이다.

이런 논의가 있다는 기사가 이 시점에서 나왔다는 것이, 기사를 제공한 측의 의도였다고 한다면 정상회담에서는 일본 정부는 아무것도 하지 않겠다는 의견만을 표명해 온 상황에서, 이러한 인식을 바꿀 필요가 있었다는 것일지도 모른다.

이 단계에서 나는 『한겨레신문』과의 인터뷰에서 "양국 정상이 뜻을 함께한다면 위안부 문제는 해결할 수 있다"고 주장했다(10월 28일호). 무라야마 도미이치 전 총리는 10월 29일 한국 정부가 주최한 글로벌 피스포럼에 초대되어 "위안부 문제를 해결하기 위한 한일 외교 당국 간의 교섭을 정식으로 고려할 때"라며 "일본 정부가 더욱 노력해야 한다"고 발언했다(『중앙일보』, 『연합통신』 등 10월 30일 보도).

10월 30일에는 박근혜 대통령의 서면 인터뷰가 『아사히신문』과 『마이니치신문』에 실렸다. 박 대통령은 위안부 문제에 대해 "올해 안으로 이 문제가 타결될 것을 마음으로부터 바라고 있다"고 강조하며, "일본 정부가 피해자가 받아들일 수 있고, 우리 국민들이 납득할 수 있는 해결책을 가능한 한 빨리 제시하는 것이 중요하다"고 했다. 이것은 매우 훌륭한 외교 포석이었다. 해결안 내용의 설명도 매우 적절했다.

10월 31일, 한중 정상회담이 열렸다. 그리고 11월 1일, 한중일 3국 정상회담이 열렸다. 시진핑 국가주석은 역사문제의 중요성을 강조하여 아베 총리에게 압력을 넣었다.

이러한 흐름의 결과 한일 정상회담이 개최되기에 이른 이상, 아베 총리는 박근혜 대통령의 요청을 받아들이는 것 이외에 다른 방도가 없었다.

한일 정상회담은 11월 2일에 개최되었다. 이 개최 형식에도 매우 흥미로운 점이 있다. 우선 서두 1시간은 소수 인원의 모임이 열렸다. 양쪽 다 4명씩이었다. 일본 측은 아베 총리, 기시다 외무상, 야치 NSC 사무국장, 하기우다萩生田光一 관방부장관이었다. 한국 측은 박근혜 대통령, 윤병세 외무장관, 이병기 비서실장, 김규현 외교안보수석비서관이었다. 여기에서 정상의 밀사로 접촉하고 있었다고 여겨지는 야치, 이병기가 출석한 것은 양국 정상이 함께한 자리에서 실질적인 교섭이 이루어졌다는 것을 의미한다고 할 수 있다. 여기에서 '조기 타결'이라는 실질적인 합의가 이루어졌다고 보인다.

그리고 일본 측에서는 10월 8일의 내각 개조로 총리 특별보좌관에서 관방부장관으로 발탁된 하기우다 고이치가 이 모임에 출석했는데, 이 점이 가장 주목할 만하다. 하기우다는 명백한 역사수정주의자이고, 고노 담화에도 부정적인 입장이라고 알려져 있다. 이러한 인물을 소수 인원의 모임에 참가시켰다는 것은 이 자리에서 합의에 대한 연대책임을 지게 한다는 것이다. 2002년 북일 평양 정상회담 때 고이즈미 준이치로 총리의 입장에 아베가 서고, 아베 관방부장관의 입장에 하기우다가 서 있었다.

## 해결방안이 문제다

　　현재의 문제는 해결방안을 일본 측이 제안하는 것이다. 아베 총리는 해결방안을 사전에 한국 측에게 전달해서 승인을 얻은 다음, 한일 정상회담 석상에서 발표하는 것이다. 해결방안을 요구하는 공통 전제의 제1조건은 고노 관방장관 담화다. 일본 정부의 검증보고서에 나타난 것처럼 이 담화는 한국 측에도 사전에 보여주고, 그 의견도 받아들여 정리한 것이고, 이 담화를 오늘날 해결방안 만들기의 토대로 하는 것에 대해 양국 정부도 이론은 없을 것이다. 제2의 전제조건이 되어야 하는 것은 일본 정부가 위안부 문제의 해결을 위해 설립한 아시아여성기금 13년간의 사업에 대한 평가다. 아시아여성기금으로는 위안부 문제를 해결할 수 없었다는 사실을 인정하는 것에 대해서는 이론이 없지만, 사업 자체 평가에서는 한일 사이에 일치되는 것이 없다. 일본 내에서도 일치되는 것이 없다. 하지만 일본 정부로서는 아시아여성기금 사업을 시행했다는 사실에서 출발하여 새로운 해결방안을 찾는 것 외에는 방법이 없다. 그렇기 때문에 일본 정부의 아시아여성기금에 대한 인식은 다시 검토되어야 한다.

　　해결을 위한 한국 정부의 조건은 박근혜 대통령이 명확히 밝히고 있는 두 가지다. 첫 번째는 피해자가 받아들일 수 있고 한국 국민이 납득할 수 있는 것일 것, 두 번째는 연내 타결할 것,

즉 조속한 타결이다. 이에 대해 일본 정부가 내민 조건을 종합적으로 생각해 보면 첫 번째는 한일조약 당시의 협정으로 청구권 문제는 '해결 완료'라고 되어 있기 때문에 법적 책임이라는 문구, 논리를 사용하는 것은 불가능하다는 것이다. 두 번째는 한반도에서 여성들을 위안소로 끌고 감에 있어서 이른바 '강제연행' 방식이 사용되었다는 것을 나타내는 문서자료는 없다는 것이다. 세 번째는 여기에서 타결된다면 대사관 앞의 소녀상 등을 철거하는 등 한국 측에서도 조치를 취해주면 좋겠다는 것이다.

양자의 조건은 엇갈리는 것처럼 보이지만 한국 측의 제1조건과 일본 측의 제3조건은 실질적으로 다르지 않다. 정대협은 1992년 1월 8일부터 일본대사관 앞에서 수요집회를 시작한 후 23년간 매주 집회를 개최했는데, 이미 1,000회를 넘기고 있다. 피해자도 함께하는 이 집회는 위안부 문제의 해결을 요구하는 목적이 달성되면 즉시 끝나게 될 것이다. 소녀상은 1,000회 집회 시점에서 세워진 것으로 수요집회가 끝나면 그에 걸맞는 장소로 이동할 것이다. 그렇기 때문에 피해자가 받아들일 수 있고 국민이 납득할 수 있는 안이 제시되어 타결에 이르게 된다면 일본 측의 제3조건은 당연히 충족될 것이다.

그렇다면 해결방안으로 지금까지 나온 것을 검토해보자.

아시아여성기금은 전쟁 희생자에게 대한 보상의 법적인 의무가 소멸되었다는 일본 국가의 방침에도 불구하고 위안부 희생자에 대한 사죄와 보상(atonement, 속죄)을 전달하는 사업을 해야 한다는 정부의 결정에 기초하여 설립되었다. 자유민주당 문서 「일본의 명예와 신뢰를 회복하기 위한 제언」(2015. 7. 28)에서 말하는 것처럼 "전 위안부의 인도적·현실구제이 관점에서 설립된" 것이 아니다.

아시아여성기금은 총리의 사죄편지와 더불어 위안부 피해자에게 200만 엔의 쓰구나이긴을 건네는 것을 목표로 했다. 이 쓰구나이긴은 정부 예산으로 하지 않고 국민모금으로 조달한다는 것을 분명히 밝혔다. 이 때문에 한국에서는 일본 정부의 사죄를 성실한 것으로 받아들일 수 없다는 이유로 강하게 반발했다. 게다가 기금은 정부 자금에 의해 피해자에게 의료복지 지원을 시행하는 것을 목표로 했지만, 한국, 타이완에서는 사업 주체를 확정하지 못했고, 피해자에게 300만 엔을 현금으로 지급했다. 하지만 당초의 설명이 만들어낸 이미지를 깨지 못했고, 한국 60명, 타이완 13명이 사업을 받아들이는 데 그쳤다. 등록 피해자의 3분의 1 정도다. 따라서 한국에서는 아시아여성기금 사업을 끝내지 못했기 때문에 기회가 있다면 다른 형태로 사죄와 보상 조치를 취할 필요가 있다.

아시아여성기금은 한국에서 실패한 사업이었기 때문에 똑같은 일을 반복하는 것으로는 성공할 수 없다. 피해자가 받아들일 수 있고, 한국 국민이 납득할 수 있는 새로운 형태의 노력을 해야 한다.

2011년 민주당 노다 정권 때 위안부 문제가 재연되었다. 2011년 12월 교토 한일 정상회담 당시 이명박 대통령의 강한 요청에 대해 노다 총리가 인도적 관점에서 무엇을 할 수 있을지 지혜를 내보겠다고 말한 것이 그 시작이었다. 다음 해 2월에 사사에 겐이치로 외무차관이 방한하여 사사에안으로 불리는 해결방안을 제시했다. 인도적인 관점에서의 사죄 표명과 정부로부터의 지원금 지급이라는 안이었다고 한다. 이것은 한국 측에게 거부당했다. 인도적인 지원을 한국이 받아들이지 않았다. 그 후 사이토 쓰요시 관방부장관이 새로운 안을 가지고 방한했지만 기본적으로 사사에안과 다름 없었기 때문에 이것도 거부당했다.

바로 그때 일본 운동단체의 연합체인 '전국행동 2010' 공동대표인 하나부사 도시오의 이름으로 된 해결안의 골자가 기관지에 실렸다. '피해자의 마음에 와닿는 사죄'와 '국고로부터의 보상금 지급', 그리고 '인도 지원'이라는 문구는 사용하지 않는다는 것이 세 가지 중요한 항목으로 되어 있었다. 이것은 운동단체 측의 결정적인 새로운 제안이었다. 이 제안에 정대협이 어떤 반응을 했었는지는 알 수 없지만, 어쨌든 이 제안을 전제로 사이토 관방부장관 아래서 새로운 제안이 정리되었다.

10월 28일 이명박 대통령의 대리인 이동관 수석과 사이토 관방부장관이 합의한 안은 다음 4개 항목이었다.

① 한일 정상회담에서 협의하고 합의한 내용을 정상회담 공동성명

서로 발표한다.

② 일본 총리가 새로운 사죄문을 읽는다. 종래에는 "도의적 책임을 통감"한다고 하였지만 "도의적"을 빼고 국가, 정부의 책임을 인정한다는 문구로 한다.

③ 주한일본대사가 피해자를 방문하여 총리의 사죄문과 사죄금을 건넨다.

④ 제3차 한일역사공동연구위원회를 구성하고, 그 안에 위안부문제 소위원회를 설치하여 공동으로 연구를 하도록 위촉한다.

이 안은 이명박 대통령의 양해를 받은 것이었지만, 노다 총리는 사이토 부장관의 보고를 받고, 이 안을 받아들이기로 결단하지 못했던 것 같다. 이 안은 폐기되었다.

그 후 아베 내각 성립 후 한일관계가 극도로 악화되는 가운데 2014년 6월 위안부 문제 해결을 위한 운동을 계속해 온 일본의 운동 연합체가 정대협과 토의한 결과, 제12차 아시아연대회의의 결정으로 위안부 문제 해결방안을 제시했다. 이것은 아베 총리와 박근혜 대통령에게 제기한 것이다.

2012년 2월 하나부사의 제안은 일본 운동단체의 새로운 제안이었지만, 이 방안은 일본과 한국의 운동단체가 합의에 기초한 해결방안으로 발표했다는 점이 특징이다. 해결방안은 '피해 당사자가 받아들일 수 있는 해결책'이어야 하고, 그것은 사죄와 '사죄가 진지한 것이라고 믿을 수 있는 후속조치'의 두 가지로 구성되어야 한다고 주장하고 있다. 사죄에 대해서는 가해행위를 설명하고 그 '책임을 인정할' 것을 명확하게 하는 것이라고 밝히고 있다. 이 제안의 토대는 고노 담화로, 일본 정부가 고노 담화를 계승·발전시켜 조치를 강구할 것을 요구하고 있다.

사죄 내용으로서는 다음 4가지 사항이 포함되어야 한다고 지적했다.

① 위안소를 일본 정부와 군이 만든 사실
② 여성들이 본인들의 뜻이 반하여 '위안부·성노예'가 되어 '위안소' 등에서 강제적인 상황 아래에 놓였다는 사실
③ 피해자도 식민지와 점령지 여성, 일본의 여성들이 각각 다른 피해를 입었지만 대체로 피해가 몹시 컸다는 사실
④ 벌어졌던 일은 여성에 대한 중대한 인권침해였다는 사실

여기에 법적 책임을 인정하라는 표현은 포함되어 있지 않다. 법적 책임을 인정하라고 주장해 온 운동단체는 자신들의 법적 책임을 인정하라는 주장을 바꿔 말하면 이 네 가지의 가해 사실을 인정하라는 것과 같다고 설명하고 있다.

이 네 가지는 일본 정부와 고노 담화, 그 후 아시아여성기금의 사업을 통해 나온 인식에 의해 전면적으로 인정된 것이다. 이미 알고 있는 것처럼 고노 담화는 위안소에 대해서 "당시 군 당국의 요청으로 만들어졌다"고 하고 있고, "군의 관여하에" 여성

의 명예와 존엄을 상처 입혔다고 하고 있다. 아시아여성기금은 고노 담화 이후에 정부가 발표한 경찰청 자료를 중시하고 있고, 군이 위안소를 만들었다는 것을 확인하고 있다. 아시아여성기금 사업의 전제가 된 것은 위안부에 대한 정의였다. 그것은 "이른바 '종군위안부'란 태평양전쟁 시절에 일정 기간 일본군의 위안소 등에 모집되어 장병에게 성적인 봉사를 강요당하였던 여성들을 말한다"이다. 이 정의는 한국·타이완·필리핀·네덜란드 피해자의 다른 피해 양상을 고려하여 정리되었다. 이 정의를 사죄문에 포함시켜 지금까지의 총리의 사죄문과 연결시켜 문장으로 정리하면 요구되는 4개 항목은 모두 반영하게 된다.

'사죄가 진지한 것이라고 믿을 수 있는 후속조치'로는 4개 항목이 거론되고 있는데, ① '명확하고 공식적인 방법으로 사죄할 것'은 정상회담에서 총리가 표명하고, 정상회담의 성명서에 수록하는 방안이 민주당 때 고려된 부분이다. ② '사죄의 증거로서 피해자에게 배상할 것'은 지금까지 주장해 온 법적 배상이라는 표현을 대신한 것으로 사죄의 증표로서의 '배상'은 국고 자금에 의한 금전적인 지급이라는 의미 이상의 것이 아니다. 명확하게 거절당한 것은 일본 정부가 인도적인 관점에서 지원금을 지급한다는 설명을 하는 것이다. 아시아여성기금을 거절하고 20년을 살아온 사람들이다. 이러한 설명은 피해자를 모욕하는 것이다. 게다가 ③ 진상규명과 ④ 재발방지 조치가 언급되고 있지만 이것은 정부의 조치라고 하기 보다는 국민의 노력에 속하는 것이라고 할 수 있다.

## 아베 총리는 결단해야 한다

아베 총리가 위안부 문제로 한국과 타결하고자 한다면, 해결책을 선택하는 폭은 매우 좁다. 채택되어야 할 선택은 이미 거의 다 결정되어 있다고 말해도 좋다. 해결을 바란다면 아베 총리는 그 길을 선택해야 한다. 하지만 정상회담 전후에도 그 이후에도 아베 정권은 결정을 위해 나아간다는 결의도 표명하지 않았고 열의도 느껴지지 않는다.

그것은 오로지 아베 총리의 정부 내부에, 자민당 내부에, 미디어와 사회 분위기 속에 위안부 문제 해결을 위해 나아가는 것을 바라지 않는 분위기, 세력, 움직임이 있기 때문이다. 아베 총리는 위안부 문제의 해결을 위해 나아갈 경우, 오랜 지지 세력에게 배신자라는 공격을 받을 것을 두려워하고 있기 때문이다.

하지만 일본국 총리인 이상 아베는 위안부 문제 해결을 위해 앞으로 나아가야만 한다. 박근혜 대통령과의 합의를 없는 것으로 하거나 약속을 깨서는 안 된다. 한국과의 관계 정상화, 우호 협력 관계는 동북아 국가인 일본에게 최상의 과제임이 분명하다. 내년 5월에는 도쿄에서 한중일 삼국 정상회담을 개최하기로 약속했다. 박근혜 대통령과의 약속을 그때까지는 분명히 지켜야 한다.

## 2. 한일 외교장관회담 합의에 대한 고찰[89]

**2015년 연말 서울**

  2015년 12월 22일, 나는 서울을 방문했다. 동북아역사재단의 한 연구회에서 위안부 문제의 해결에 대한 이야기를 하기 위해서였다. 다음 날 연구회에서 나는 『세카이』 신년호에 쓴 논문 내용을 거의 그대로 이야기했다. 많은 참석자들이 과연 아베 신조 총리가 박근혜 대통령의 요구에 응하여 해결책을 발표할지에 대해 불안감을 느끼고 있던 것 같다. 하지만 한국 외교부는 1월에는 타결하기를 희망한다는 듯한 이야기를 했다.
  문제는 해결방안의 내용, 아베 총리의 사죄 표현이었다. 나는 이 점에 대해 민간에서 논의가 전혀 이루어지지 않았다는 점에 불안함을 느끼고 있었다. 그래서 이 자리에서 나는 바람직한 아베 총리의 사죄 표현 문안에 대해 논했다.

한편 23일 오후에 나는 정대협 사무실을 방문하여 윤미향 대표와 만났다. 윤미향 대표는 해결을 강하게 바라고 있었고, 확신도 가지고 있었다. 한국 외교부와의 교섭은 어떤지 묻자, 윤미향은 외교부에서 국장회담 내용을 듣지 못하였고, 회담 내용이 당신들의 주장과 격차가 크기 때문에 조금 더 좁혀진다면 이야기하겠다는 답변을 들었다고 했다. 그녀는, 해결은 2월 중이 좋겠다고 덧붙였다.

나는 긴 기간 동안 미해결이었던 문제에 드디어 종지부를 찍을 때가 올 것이라는 바램은 똑같다는 것을 확신하며 사무소를 떠났다.

### 12월 28일의 충격

나는 24일에 귀국했다. 그런데 상황이 급변했다. 다음 날인 25일, 조간신문들이 아베 총리의 지시로 기시다 후미오 岸田文雄 외무상이 방한하여 윤병세 외교부장관과 회담할 것이라고 전격 보도했다.

서울 정상회담에서 돌아와 즉각적인 연내 타결이 어렵다고 한 것은 아베 총리였다. 타결책은 찾지 못하고 있고 한일 간 교섭은 원칙적으로 대립하고 있기 때문에 진전이 없다는 사실만 보도되어 왔다. 이것은 아베 총리의 전술이었다. 이번 연말에 한꺼번에 해결된다면 모두 놀라서 받아들일 것이고, 일본 국내 우파 여론의 조종에도 유리하다고 본 것 같다. 이 방식은 명백한 아베 총리의 기습공격이라고 생각했다. 그러나 나는 28일로 결정된 외교장관회담에서 해결될 것이라고는 생각하지 않았다. 그렇게 간단하게 합의될 리 없다고 생각하고 있었기 때문이다.

하지만 28일 외교장관회담 후 기자회견에서 결과가 밝혀졌다. 외교장관회담의 공동성명서 발표는 없었고, 양국 외교장관이 각각 구두 발표하는 형태였다. 일본에서는 『아사히신문』이 녹음한 것을 풀어서 29일 지면에 게재했다. 그것을 인용하겠다.

[기시다 외무상]

(1) 위안부 문제는 당시 군의 관여하에 다수 여성의 명예와 존엄에 깊은 상처를 입힌 문제로서 이러한 관점에서 일본 정부는 책임을 통감한다. 아베 내각 총리대신은 일본국 총리대신으로 다시 한 번 위안부로 많은 고통을 경험하고 심신에 걸쳐 치유하기 어려운 상처를 입은 모든 분들에 대해 마음으로부터 사죄와 반성의 마음을 표명한다.

(2) 일본 정부는 지금까지도 본 문제에 진지하게 임해 왔는데, 그 경험에서 이번에 일본 정부의 예산으로 모든 전 위안부 분들의 마음의 상처를 치유하는 조치를 강구한다. 구체적으로는 한국 정부가 전 위안부 분들의 지원을 목적으로 한 재단을 설립하고 이에 일본 정부의 예산으로 자금을 일괄 거출하고 한일 양국 정

부가 협력하여 모든 전 위안부 분들의 명예와 존엄의 회복, 마음의 상처 치유를 위한 사업을 이행하기로 한다.

(3) 일본 정부는 상기를 표명함과 동시에 이들 조치를 착실히 실시하는 것을 전제로 이번 발표에 의해 이 문제가 최종적이고 불가역적으로 해결될 것을 확인한다. 아울러 일본 정부는 한국 정부와 함께 유엔 등 국제사회에서 서로 비난·비판하는 것을 삼간다. 또한 (2)의 예산 조치에 대해서는 약 10억 엔 정도 규모로 결정되었다. 이상에 대해서는 한일 양국 정상의 지시에 기초하여 이루어져 온 협의 결과고, 이로써 한일관계가 신시대로 진입할 것을 확신하고 있다.

[윤병세 외교부장관]

(1) 한국 정부는 일본 정부의 표명과 이번 발표에 이르기까지의 조치를 평가하고 일본 정부가 상기 (1), (2)에서 표명한 조치를 착실히 실시한다는 것을 전제로, 이번 발표를 통해 일본 정부와 함께 이 문제가 최종적 및 불가역적으로 해결될 것임을 확인한다. 한국 정부는 일본 정부가 실시하는 조치에 협력한다.

(2) 한국 정부는 일본 정부가 주한일본대사관 앞의 소녀상에 대해 공관의 안녕·위엄의 유지라는 관점에서 우려하고 있는 점을 인지하고, 한국 정부로서도 가능한 대응방향에 대해 관련 단체와의 협의 등을 통해 적절히 해결되도록 노력한다.

(3) 한국 정부는 이번에 일본 정부가 표명한 조치가 착실히 실시된

다는 것을 전제로, 일본 정부와 함께 유엔 등 국제사회에서 이 문제에 대해 상호 비난·비판을 자제한다.

한일 국교정상화 50주년인 올해를 넘기기 전에 기시다 외무대신과 함께 그간의 지난했던 협상에 마침표를 찍고, 오늘 이 자리에서 협상 타결 선언을 하게 된 것을 대단히 기쁘게 생각한다. 앞으로 금번 합의의 후속 조치들이 확실하게 이행되어, 모진 인고의 세월을 견뎌 오신 일본군 위안부 피해자 분들의 명예와 존엄이 회복되고 마음의 상처가 치유될 수 있기를 진심으로 기원한다. (이하 1문단 생략)

이 내용은 한국 외교부 홈페이지에 '한일 외교장관회담 공동기자회견 발표 내용'이라는 제목으로 수록되어 있는 것과 거의 일치한다. 하지만 일본 외무성 홈페이지의 '한일 양국 외교장관회담'의 설명과는 미묘한 차이를 보이고 있다. 외무성 홈페이지에는 기시다 외무상이 말한 제(3)항의 "이들 조치를 착실히 실시하는 것을 전제로"라는 구절이 "상기 (2)의 조치를 착실히 실시하는 것을 전제로"라고 수정되었다. 그리고 "또한 (2)의 예산 조치에 대해서 규모는 대략 10억 엔 정도로 결정되었다"로 시작되는 문단이 기시다 외무상의 발표 항목에서 삭제되었다. 이 내용은 윤병세 외교부장관의 발표 뒤 제2항에 부기되었다. 게다가 "이상에 대해서는 한일 양국 정상의 지시에 기초하여 이루어져 온 협의의 결과이고 이로써 한일관계가 신시대로 진입할 것을 확신하고 있다"는 내용은 완전히 삭제되었다. 왜 이렇게 가공한 것일까?

　일본 외무성 홈페이지에는 이상의 문서와 별도로「한일 양국 외교장관 공동기자발표」라는 문서가 수록되어 있다. 이것은 앞에서 언급한 당일 구두 발표의 주요 부분을 각각 3항씩 담은 것이다. 이 문서는 한국 외교부 홈페이지에도 수록되어 있다. 여기에서 가장 중요한 점은 10억 엔의 거출에 대한 기시다 외무상의 발표가 삭제되어 있다는 점이다. 이 문서는 현재 한일 외교장관 회담의 합의문서인 것처럼 취급되고 있다.

### 일·한 양 외상 공동기자 발표

1. 기시다 외무대신

일·한 간 위안부 문제에 대해서는 지금까지 양국 국장급 협의 등을 통해 집중적으로 협의해 왔음. 그 결과에 기초하여 일본 정부로서 이하를 표명함.

① 위안부 문제는 당시 군의 관여하에 다수의 여성의 명예와 존엄에 깊은 상처를 입힌 문제로서, 이러한 관점에서 일본 정부는 책임을 통감함.

　아베 내각총리대신은 일본국 내각총리대신으로서 다시 한 번 위안부로서 많은 고통을 겪고 심신에 걸쳐 치유하기 어려운 상처를 입은 모든 분들에 대해 마음으로부터 사죄와 반성의 마음을 표명함.

② 일본 정부는 지금까지도 본 문제에 진지하게 임해 왔으며, 그러한 경험에 기초하여 이번에 일본 정부의 예산에 의해 모든 전(前) 위안부 분들의 마음의 상처를 치유하는 조치를 강구함.

구체적으로는 한국 정부가 전前 위안부 분들의 지원을 목적으로 하는 재단을 설립하고, 이에 일본 정부 예산으로 자금을 일괄 거출하고, 일한 양국 정부가 협력하여 모든 전前 위안부 분들의 명예와 존엄의 회복 및 마음의 상처 치유를 위한 사업을 행하기로 함.

③ 일본 정부는 상기를 표명함과 함께, 상기 ②의 조치를 착실히 실시한다는 것을 전제로, 이번 발표를 통해 동 문제가 최종적 및 불가역적으로 해결될 것임을 확인함. 또한, 일본 정부는 한국 정부와 함께 향후 유엔 등 국제사회에서 동 문제에 대해 상호 비난·비판하는 것을 자제함.

2. 윤병세 한국 외교부장관

한·일 간 일본군'위안부' 피해자 문제에 대해서는 지금까지 양국 국장급 회의 등을 통해 집중적으로 협의를 해왔음. 그 결과에 기초하여 한국 정부로서 이하를 표명함.

① 한국 정부는 일본 정부의 표명과 이번 발표에 이르기까지의 조치를 평가하고, 일본 정부가 상기 1. ②에서 표명한 조치를 착실히 실시한다는 것을 전제로 이번 발표를 통해 일본 정부와 함께 이 문제가 최종적 및 불가역적으로 해결될 것임을 확인함. 한국 정부는 일본 정부가 실시하는 조치에 협력함.

② 한국 정부는 일본 정부가 주한일본대사관 앞의 소녀상에 대해 공관의 안녕·위엄의 유지라는 관점에서 우려하고 있는 점을 인지하고, 한국 정부로서도 가능한 대응방향에 대해 관련 단체와의 협의 등을 통해 적절히 해결되도록 노력함.

③ 한국 정부는 이번에 일본 정부가 표명한 조치가 착실히 실시된다는 것을 전제로 일본 정부와 함께 향후 유엔 등 국제사회에서 동 문제에 대해 상호 비난·비판을 자제함.

일본 외무성 홈페이지(http://www.mofa.go.jp/mofaj/a_o/na/kr/page4_001664.html)

오랫동안 기다려 온 한일 양국 정부의 합의를 보여주는 것임에도 불구하고 외교장관회담의 공동성명서조차 만들지 않고, 양국 외교장관의 구두발표를 나중에는 자의적으로 수정하여 홈페이지에 남기거나, 마치 합의문서인 것처럼 양국 외교부 홈페이지에 동시에 올리는 속임수와 같은 방식은 비정상적이다.

## 합의 내용

### 아베 총리의 사죄는 끝나지 않았다

제1항은 사죄에 관한 항목이다. 그 전반부의 "위안부 문제는 당시 군의 관여하에 다수 여성의 명예와 존엄에 깊은 상처를 입힌 문제이고"는 예전에 아시아여성기금 사업 당시 쓰구나이 사업을 받은 피해자 한 사람, 한 사람에게 보낸 총리의 사죄편지 표현을 반복한 것이다. 그러한 의미에서 그동안 운동단체가 요구해온 피해 사실의 인정은 전혀 받아들이지 않았다. 다만 그다음에 "이러한 관점에서 일본 정부는

책임을 통감하고 있다"는 문구를 넣고, "도의적인 책임"이라는 표현을 삭제한 것은 중요한 진전이다. 한국 정부가 끈질기게 교섭하여 이 부분을 얻어낸 것은 높이 평가할 만하다.

하지만 아베 총리의 사죄 의지를 기시다 외무상이 한국 외교장관에게 전달하고, 기자회견에서 발표하였다고 해도 총리의 사죄 표명은 아직 완결되지 않았고 어떤 공식문서로도 만들어지지 않았다. 이미 알려진 바와 같이 아베 총리는 외교장관회담의 합의 발표를 받아들여 28일 밤, 박근혜 대통령과 전화로 회담하고, 사죄 의사를 전달했다. 일본 외무성 홈페이지를 보면, 아베 총리는 "일본국의 내각총리대신으로 다시 한 번 위안부로 많은 고통을 경험하고 심신에 치유하기 힘든 상처를 입힌 모든 분들에게 마음으로부터 사죄와 반성의 마음을 표명했을 뿐이다. "일본 정부는 책임을 통감하고 있다"는 취지는 전해지지 않은 것으로 보인다. 한국에서는 이 전화 회담의 녹음을 공개하라는 운동이 있는 것 같은데, 아베 총리가 사죄를 직접 표명한 것은 이 전화 회담밖에 없기 때문에 이런 요구가 나오는 것은 당연하다.

아베 총리는 28일에도, 그 후에도 이 합의에 대해 정식 기자회견을 하는 일은 없었고, 이른바 관저에서 취재기자단에게 발언했을 뿐이다. 『요미우리신문』에 따르면 그 발언에서도 대통령과의 전화회담에서 "합의를 확인했다"고 언급하고, 이어서 "8월 담화에서 말씀드린 것처럼 우리들은 종래 역대 내각이 표명해 온 대로 반성과 사죄의 마음을 표명해 왔다. 그 생각은 앞으로도 흔들림이 없다"고 언급하는 것에 그쳤다. 이러한 표현은 이후 국회 답변에서도 변함이 없었다. 아베 총리는 기시다 외무상이 발표한 정부의 입장, 총리의 사죄 의지를 자신의 육성이나 이름으로는 아직까지 정식으로 발표하지 않았다.

그렇기 때문에 이번 합의는 외무성 홈페이지에만 게재되어 있지 총리 관저 홈페이지에는 전혀 게재되지 않았다. 따라서 아베 총리의 사죄는 총리의 행위로 실행되지 않았다고 말할 수밖에 없다.

애초부터 아베 총리의 사죄 내용의 중심은 아시아여성기금 당시의 '총리의 사죄편지'를 반복한 것이기 때문에 아베 총리는 하시모토橋本龍太郎·오부치小淵惠三·모리森喜朗·고이즈미小泉純一郎와 전임 총리가 서명해 온 사죄문에 연서連署한 것일 뿐이라고 할 수도 있다. 하지만 이번에는 "일본 정부는 책임을 통감하고 있다"고 지금까지 표명하지 않았던 표현이 사용되었다. 각의 결정 또는 총리의 어떤 의사표명이 없었다면, 이런 표현을 사용하는 것은 불가능하다.

### 설명되지 않은 10억 엔 거출

제2항은 일본 정부의 10억 엔 거출 부분이다. 이 부분의 최대 문제점은 일본 정부의 거출 이유에 대한 설명이다. 운동단체는 "사죄 증거로서의 배상"을 요구하고 있었다. 이전에는 "법적 배상"이라는 표현이 사용되었지

만. 2014년 6월 아시아연대회의의 제안에서는 "사죄 증거로서의"라는 표현을 "배상" 위에 씌우고 있다. 이 경우 배상은 이미 법적인 벌로서의 지급이 아닌 '국고에서의, 정부 예산에서의 지급'이라는 것만 의미한다.

이번 발표에서는 "전 위안부 분들의 마음의 상처를 치유하는 조치를 강구한다"는 표현이 사용되었다. 정부가 자주 사용해 온 "인도적인 조치"라는 표현을 사용하지 않은 점은 높이 평가한다. 하지만 동시에 아시아여성기금에서 사용되어온 "쓰구나이償い" 조치, 영어로는 atonement(속죄) 조치라는 표현도 사용하지 않았다. 결과적으로 10억 엔 거출 이유에 대한 설명이 결여되어 있다. 제2항의 조치가 제1항의 사죄를 전제로 한 조치가 분명한 이상 10억 엔은 "사죄의 증거"로 일본 정부가 제공하는 것이라는 설명을 보충하는 것이 바람직하다.

아시아여성기금은 아시아여성기금 사업 네덜란드실시위원회와 MOU를 체결하고, 정부 자금 2억 5,500만 엔을 기탁했다. MOU에는 "기금은 종군위안부 문제에 관하여 일본의 속죄 마음을 표현하기 위해 위원회가 실시하는 … 네덜란드인 전쟁 피해자의 생활상황의 개선을 지원하는 사업에 대해 재정적 지원을 시행하는 것으로 한다"고 명기되어 있다. 네덜란드위원회가 신청을 받아 피해자 인정을 했다. 인정을 받은 피해자는 앙케트에 답하고, 300만 엔의 사업금(project money)과 하시모토 총리가 윌렘 빔 콕 총리 앞으로 보낸 사죄편지의 복사본을 받았다. 피해자 중 한 사람은 다음과 같은 편지를 네덜란드위원회 대표에게 보냈다.

나는 사업금을 받아 매우 기쁘게 생각하고 또한 하시모토의 편지에 대단히 만족했다. 긴 세월을 지나 드디어 (내가 받은 피해가) 어느 정도 인정받은 것이다. 나는 감정을 억누를 수 없었다. 몸과 마음이 떨렸다.

네덜란드의 경우와 같이 생각하면, 한국 정부가 만드는 기금이 네덜란드실시위원회의 역할을 하고 일본 정부가 제공한 10억 엔에서 일정 금액, 예를 들면 300만 엔을 피해자에게 제공하게 될 것이다. 하지만 이때도 중요한 것은 일본 정부의 사죄 표명, 총리의 편지다.

### "최종적이고 불가역적"이라는 의미

제3항은 "최종적이고 불가역적으로 해결된다"는 선언이다. 이것은 영문으로 다음과 같다.

While stating the above, the Government of Japan confirms that this issue is resolved finally and irreversibly with this announcement on the premise that the Government will steadily implement the measures specified in (2) above.

이 "최종적이고 불가역적"이라는 것은 미국이 북한과의 교섭에서 핵개발 계획의 포기를 요구하기 위해 추가한 형용사였다. 즉 미국에 대해서 위안부 문제가 "최종적이고 불가역적으로 해결"되었다고 설명하고 있는 것이다. 아베 총리가 발언에서 반복해서 강조한 것이 바로 이 점이다.

그것은 이번 한일 타결이 미국 정부의 승인을 얻는 것을 첫 번째 목적으로 했다는 것을 말하는 것이다. 하지만 위안부 문제의 해결은 단순히 한일 외교장관 공동발표에 의해 "최종적이고 불가역적으로" 해결될 수 없다.

마지막으로 한국 측의 제2항, 소녀상 문제의 해결에 대해서 일본 측이 한국 측에게 해결 노력을 요구한 것은 성급하고 어리석다. 양국 정부가 합의한 해결안이 피해자에게 받아들여지고, 여론의 지지도 얻는다면 정대협은 수요집회를 끝낼 때가 왔다고 판단하여 소녀상의 설치 장소에 대한 새로운 방안을 내놓을 것이 분명하다. 하지만 매주 수요집회를 25년간 지속해 온 운동단체가 받아들이기 어려운 해결방안을 내놓고 소녀상 이전에 이렇게 고집하는 것은 너무 뻔뻔하다. 정대협이 요구하는 제12차 아시아연대회의의 해결방안을 조금 더 진지하게 검토하는 것이 먼저였어야 하지 않았을까 생각한다.

## 반응

2015년 12월 한일 합의에 대해 나는 『아사히신문』(12월 29일)에 의견을 발표할 기회를 얻었다. 나는 "도의적 책임"이라는 표현을 대신하여 "정부는 책임을 통감하고 있다"고 말한 것을 "의미 있는 진전"이라고 평가하였지만, "이번 합의내용에서는 피해자에게 어떻게 사죄의 뜻을 전할지가 전혀 보이지 않는다"며, "일본대사관 관계자가 피해자를 방문하여 사죄의 뜻을 전달하면 좋겠다"고 요구했다. 그렇게 하지 않는다면, 한국의 운동단체가 합의를 받아들이지 않고 수요집회를 계속할 것이고, 소녀상도 이동하지 않을 것이라는 것이 나의 예상이었다.

일본의 운동단체는 괴로워하면서도 현실적인 태도를 취했다. 일본군'위안부'문제해결전국행동은 12월 29일에 성명을 발표했다. 우선 "일본 정부는 겨우 국가의 책임을 인정했다. 아베 정권이 이를 인정한 것은 25년 동안 굽히지 않고 싸워 온 일본군'위안부' 피해자와 시민운동이 쟁취한 성과다"라고 평가한 후, 비판적인 논평을 더한 뒤에 "총리대신의 사죄와 반성은 외무상이 대독 또는 대통령에게 전화로 사죄하는 형태가 아니라 피해자가 사죄를 받아들이는 것이 가능한 형태로 다시 총리가 공식적으로 표명할 것"을 요구했다. 액티브뮤지엄 '여성들의 전쟁과 평화 자료관'은 12월 31일 성명을 발표하여 "일본 정부가 '책임을 통감하고 있다'고 국가 책임을 명확히 인정한 점은 솔직히 높이 평가한다"고 한 다음에 "내각 총리대신의 사죄와 반성은 아베 총리대신으로부터 구두 또는 문서 등의 형식으로 피해자에게 직접 전달되어야만 한다"고 요구하고, 재단의 거출에 대해서는 아시아여성기금과 '분명하게 구분을 지은 점'을 높이 평가한 뒤에 제공되는 돈이 '사죄(또는 사과)의 증거'임을 명확히 할 것을 요구했다.

한국에서는 정대협이 받은 충격이 컸을 거라고 생각한다. 이것은 당연한 것이다. 12월 28일에 정대협을 필두로 한 20개의 여성단체와 94개의 시민단체가 '시민단체의 입장'이라는 공동성명을 발표했다.

> 또한 이번 발표에서는 일본 정부가 일본군'위안부' 범죄의 가해자로서 일본군'위안부' 범죄에 대한 책임 인정과 배상 등 후속 조치 사업을 적극적으로 이행해야 함에도, 재단을 설립함으로써 그 의무를 슬그머니 피해국 정부에 떠넘기고 손을 떼겠다는 의도가 보인다. 그리고 이번 합의는 일본 내에서 해야 할 일본군'위안부' 범죄에 대한 진상규명과 역사교육 등의 재발방지 조치에 대해서는 전혀 언급하지 않았다.
> 무엇보다 이 모호하고 불완전한 합의를 얻어내기 위해 한국 정부가 내건 약속은 충격적이다. 한국 정부는 일본 정부가 표명한 조치를 착실히 실시한다는 것을 전제로 이번 발표를 통해 일본 정부와 함께

이 문제가 최종적 및 불가역적으로 해결될 것을 확인하고, 주한일본 대사관 앞의 평화비에 대해 공관의 안녕/위엄의 유지를 위해 해결 방안을 찾을 것이며, 상호 국제사회에서 비난/비판을 자제하겠다는 것이다. 되를 받기 위해 말로 줘버린 한국정부의 외교 행태는 가히 굴욕적이다.

그리고 공동성명은 2014년 아시아연대회의의 "일본 정부에 대한 제안, 즉 일본 정부의 국가적인 법적 책임 이행이 반드시 실현되도록 우리는 앞으로도 … 올바른 문제 해결을 위해 노력을 한층 더 경주할 것을 분명히 한다"고 주장했다.

그 후 일본대사관 소녀상 주변에는 사람들이 모여 소녀상을 지키고 있고, 수요집회에는 유례없이 많은 사람들이 참가했다. 소녀상을 지키자는 의견이 여론조사에서도 압도적인 다수를 차지하고 있다. 처음부터 대통령을 지지하는 여당은 합의를 지지하고 있고, 미디어와 학계 일부에서 합의를 지지하는 움직임도 있다. 그런 면에서 한국 여론은 위안부 문제에서 처음으로 분열되었다고 말할 수도 있다.

일본 내에서는 보수진영의 반응이 중요하다. 아베 총리를 지지해 온 위안부 문제 논객으로 역사수정주의파의 대표적 인물인 사쿠라이 요시코櫻井よし子는 『Will』 3월호에서 "내 생각을 단적으로 말하자면 매우 분하다는 것이 본심이다. 이대로의 내용으로는 장래에 후회할 것이라고 걱정하고 있다"고 말했다. 『세

이론』 3월호에서도 "유감스럽고 받아들일 수 없다"는 것이 본심이라고 반복하고 있다. 후지오카 노부카쓰藤岡信勝는 외교장관회의를 "망국의 대죄"라고 몹시 나무라고 있다(『Will』). 니시오 간지西尾幹二는 의문점을 열거한 뒤에 자신들 "보수언론계는 아베 총리에게 실컷 이용당하기만 하는 것이 아닌가 하는 인식을 점점 강하게 가지기 시작했다"고 주장했다(『세이론』). 이 반응은 당연했다. 아베 총리가 일본 정부의 책임을 통감하고 위안부 문제에서 사죄한다는 의지를 표명했기 때문이다. 이 진영 사람들은 한결같이 '브루투스, 너마저 우리를 배신하는가'라는 기분이 들었다고 상상된다. 하지만 사쿠라이 요시코는 앞의 평가에 이어 "하지만 동시에 이번 한일 합의는 정치·외교적으로 보면 크게 평가할 만하다"며 아베 총리를 지지했다. 아베 총리는 구원받은 기분일 것이다. 그렇기 때문에 아베 총리는 스스로의 사죄를 가능한 한 작고 눈에 띄지 않게 하는 것에 혈안이 되어 있는 것이다.

『산케이신문』 편집위원 아비루 루이阿比留瑠比는 의문을 제기하는 하타 이쿠히코秦郁彦를 향해 "이번 합의는 … 물론 저도 전적으로 찬성하는 것은 아니고 불만이 있지만 … 대략 이것은 7대 3으로 솔직히 일본의 승리라고 생각한다"며 "총리는 이미 작년 12월 29일 단계에서 '어제로 모든 것이 끝났다. 앞으로 한국과의 사이에서는 위안부의 'ㅇ'도 절대로 말하지 않겠다. 다음에 정상회담이 있어도 위안부는 건드리지 않겠다. 이것은 박근혜 대통령과의 전화회담에서 몇 번 확인하였고 이제 사죄는 하지 않는다"고 명확하게 말했다"고 했다(『세이론』). 아비루의 기분은 이해하지만, 그것이 아베 총리가 취할 태도라고는 생각하지 않는다. 그것은 한일 합의를 배신하는 것이기 때문이다.

### 지금 무엇이 필요한가

지금 필요한 것은 외교장관회담 합의에서 출발하여 아베 총리가 사죄 표명을 하는 것이다. 이를 위해서는 우선 아베 총리대신의 사죄에 대한 문서화가 이루어져야 한다. 다른 관점에서 말하자면, 아베 총리가 사죄했다는 사실이 흐지부지해지지 않도록 증거가 되는 문서를 만들어 서명, 날인을 받는 것이다. 서두에 인용한 외무상 발표를 뒷받침하는 다음과 같은 아베 총리의 사죄문이 존재해야만 한다.

위안부 문제는 당시 군의 관여하에 다수 여성의 명예와 존엄에 깊은 상처를 입힌 문제로, 이러한 관점에서 일본 정부는 책임을 통감하고 있다.
나는 일본국의 내각총리대신으로 다시 한 번 위안부로 많은 고통을 경험하고 심신에 걸쳐 치유하기 어려운 상처를 입은 모든 분들에 대해 마음으로부터 사죄와 반성의 마음을 표명한다.

2015년 12월 28일 일본국 내각총리대신 아베 신조

이 사죄 표현을 편지로 하여 한국의 피해자에게 전달하는 것이 급선무다. 주한일본대사가 살아계신 한국인 피해자 전원을 방문하여 편지를 전달해야 한다. 그러면서 일본 정부가 한국 정부에게 10억 엔을 기탁한 취지가 총리의 사죄문에 분명하게 나와 있다는 것을 주의 깊게 설명해야 한다. 또한 10억 엔은 상당한 액수다. 생존 피해자 47명에게 300만 엔씩 지급한다고 해도 1억 5,000만 엔이 필요할 뿐이다. 그렇다면 이 기금의 반을 써서 한국 정부는 서울에 일본군'위안부' 역사기념관을 일본의 협력을 얻어 건설하는 것은 어떨까. 올바른 역사를 밝히고 만인이 그것을 알게 된다면 피해자 할머니들의 명예와 존엄이 회복되고 마음의 상처도 치유되기 때문이다.

총리의 새로운 사죄 표명은 문맥상으로는 모든 피해자를 대상으로 하고 있기 때문에 전 세계 위안부 피해자에게 전달되어야 한다. 타이완에 남아있는 피해자에게도 한국과 똑같은 일이 시도되어야 하고, 나아가 인도네시아·중국·북한의 위안부 피해자에 대해서도 취지가 전달되어야 한다.

총리의 사죄 표명이 전 세계를 향해 정식으로 발신되어야 위안부 문제의 "최종적인, 불가역적인" 해결이 이루어졌다는 주장이 의미를 가진다. 이후 아베 총리는 물론 모든 후계 총리가 이번 사죄 표명을 철회해서도, 이 표명의 기초가 된 고노 담화와 아시아여성기금의 문서를 수정해서는 안 된다. 이 문서들과 이번 총리 표명에 반하는 각료의 발언이 있을 경우에 그 각료가 해임되는 것은 당연하다.

그런 의미에서 2월 16일 제네바 여성차별철폐조약에 관련된 위원회에서 외무성 넘버3인 스기야마 신스케杉山晋輔 외무심의관이 일본대표단 단장으로 발언한 것은 중요한 기회였다. 그러나 스기야마는 서두 성명서에서 위안부 문제를 언급하면서 "긴 시간에 걸쳐 한일 양국 간 현안이었던 위안부 문제는" 작년(2015) 말 한일 외교장관회담에서 "본 문제는 양국 사이에서 최종적이고 불가역적으로 해결된 것이 확인되었다"고 보고했다. 이것이 국제사회에 기이한 느낌을 준 것은 당연하다. 위안부 문제는 한일 간의 현안에 그치지 않고 다른 나라에도 피해자가 있는 세계적인 문제라는 것을 이해하지 못한 발언이기 때문이다. 스기야마는 아베 총리가 위안부 문제에 대해 새로운 사죄를 표명하였다고 국제사회에 보고해야 했다. 그것이 허용되지 않았기 때문인지는 모르겠으나, 이런 어리석은 보고를 하게 되었고, 반발을 부르는 결과를 낳았다. 질문 가운데 스기야마는 "정부가 발견한 자료 중에는 군이나 관헌에 의한 강제연행을 확인할 수 있는 것은 없었다. '성노예'라는 표현은 사실에 반한다"고 말하였지만, 이것은 한일 합의 이후의 상황 속에서 신중한 준비에 기초한 발언이라고는 볼 수 없고, 논평의 가치도 없다.

아베 총리는 의원 초년생일 때부터 역사수정주의적인 견해를 숨기지 않았고, 1996년부터 고노 담화 비판 활동을 시작했다. 두 번째로 총리직에 올랐을 때에는 고노 담화 재검증 결의를 표명한 사람이었다. 그런 사람이 한국과 관계 악화 3년을 타개하기 위해 마침내 전후 70주년의 연말에 자신의 신념을 부분적으로 자제하면서 일본국 총리로서 위안부 문제에 대한 새로운 사죄를 표명할 것을 결의한 것이다. 그렇다면 그것을 문서로 만들어 관저 홈페이지에 올리고, 주한일본대사에게 피해자 할머니를 찾아가 전달하도록 하면 된다. 그렇지 않고서는 한국 국민을 설득할 수 없다.

## 일본군'위안부' 문제 관련 연표

| | | |
|---|---|---|
| **1987** | 06. 29 | 한국 민주혁명(노태우 대통령, 민주화선언) |
| **1990** | 01. 04 | 윤정옥 「'정신대' 원혼 서린 발자취 취재기」가 한국의 『한겨레신문』에 4회 연재(~01. 24) |
| | 06. 06 | 참의원예산위원회 정부위원, 위안부는 "민간업자가 군과 함께 데리고 다녔다", "조사는 하기 어렵다"고 답변 |
| | 10. 17 | 한국의 여성단체가 일본 정부에 공개서한 송부, 위안부 문제 6항목의 요구 제시 |
| | 11. 16 | 한국정신대문제대책협의회(정대협) 결성 |
| **1991** | 08. 14 | 김학순, 한국에서 처음으로 위안부 피해자로 이름을 밝히고 기자회견 |
| | 12. 06 | 김학순 등 전 위안부 3명이 군인·군속 등과 함께 일본 정부의 사죄와 보상을 요구하며 도쿄지방재판소에 제소 |
| | 12. 07 | 한일 아시아국장회담에서 한국 외무부 김석우 국장, 위안부 문제의 진상 규명 요청 |
| | 12. 12 | 일본 정부, 위안부 문제의 자료조사 지시 |
| **1992** | 01. 80 | 정대협, 일본대사관 앞에서 제1회 수요집회 개최 |
| | 01. 11 | 요시미 요시아키가 방위청 방위연구소 도서관에서 구 일본군의 위안소 설치, 위안부 모집 통제를 보여주는 자료를 발견한 것을 『아사히신문』이 보도 |
| | 01. 13 | 가토 고이치 관방장관, 위안부 문제에 일본군의 관여는 "부정할 수 없다"고 하여 사죄와 반성의 담화 발표 |
| | 01. 17 | 방한한 미야자와 기이치 총리가 노태우 대통령에게 위안부 문제에 대해 사죄 |

| | | |
|---|---|---|
| 1992 | 07.60 | 일본 정부, 제1차 조사 결과 공표 |
| | 07.31 | 한국 정부, 「일제하 군대 위안부 실태조사 중간보고서」 발표 |
| | 08.10 | 제1회 '정신대 문제 해결을 위한 아시아연대회의' 개최(~08.11, 서울) |
| | 09.18 | 필리핀에서 로사 헨슨이 전 위안부로 기자회견 |
| | 10.30 | 한국 불교인권위원회, 전 위안부 공동생활시설로 '나눔의 집' 개설 |
| 1993 | 02.01 | 한국에서 증언집 『강제로 끌려간 조선인 군위안부들』(정대협, 정신대연구회 편집) 간행 |
| | 02.25 | 김영삼, 한국 대통령 취임 |
| | 04.02 | 로사 헨슨 등 필리핀인 전 위안부, 도쿄지방재판소에 제소 |
| | 04.05 | 재일조선인 전 위안부 송신도, 도쿄지방재판소에 제소 |
| | 04.21 | '일본의 전쟁책임자료센터' 발족(대표 아라이 신이치) |
| | 06.11 | 한국에서 '일제하 일본군위안부에 대한 생활안정지원법' 제정 |
| | 06.18 | 미야자와 내각에 대한 불신임안 가결, 국회 해산 |
| | 06.14 | 빈에서 유엔 세계인권회의 개최(~06.25) |
| | 08.04 | 미야자와 내각, 제2차 조사 결과 발표. 고노 요헤이 관방장관 담화 |
| | 08.09 | 호소카와 모리히로를 총리로 하는 비자민 연립내각 성립 |
| | 08.10 | 호소카와 총리, 기자회견에서 '침략전쟁이었음'을 인정하는 발언을 함 |
| | 09.13 | 호소카와 내각 규탄 국민집회 개최("일본은 침략국이 아니다") |
| | 11.07 | 호소카와 총리, 한국 경주에서 '식민지 지배'와 '창씨개명'에 대해 언급 |
| 1994 | 02.07 | 정대협, 도쿄지방재판소에 책임자 처벌 공소 고발장 제출, 수리되지 않음 |
| | 04.28 | 하타 쓰토무 내각 성립 |
| | 08.19 | 『아사히신문』, 무라야마 도미이치 내각의 '민간모금에 의한 위로금(見舞金) 지급' 구상 결정 보도 |

| | | |
|---|---|---|
| 1994 | 08. 22 | 전 위안부와 28개 지원단체, '민간모금 구상 철회와 피해자 개인에 대한 사죄와 보상을 요구하는 공동성명' 발표 |
| | 09. 08 | 여당 '전후 50년 문제 3당 프로젝트팀' 첫 회합 |
| | 10. 21 | '위안부문제등소위원회' 제1회 회합 |
| | 11. 22 | ICJ(국제법률가위원회), 보고서 발표 |
| | 11. 30 | 『마이니치신문』에 의견광고 실림("일본군이 저지른 범죄는 일본 정부가 보상해 주면 좋겠다. 우리는 민간모금에 의한 위로금이 아니라, 일본 정부의 직접 사죄와 보상을 요구한다.") |
| | 12. 01 | 전쟁 사죄 국회결의안에 반대하는 '종전 50주년 국회의원연맹'(회장 오쿠노 세이스케)이 자민당 내에 발족 |
| 1995 | 04. 07 | 이가라시 고조 관방장관이 기자회견에서 '여성을 위한 아시아평화우호기금(가칭)' 설립 방침과 준비상황 발표 |
| | 06. 09 | 중의원 본회의에서 '전후 50년 국회결의' 채택 |
| | 06. 13 | 이가라시 관방장관, '여성을 위한 아시아평화우호기금(가칭)' 설치 공표 |
| | 07. 19 | '여성을 위한 아시아평화국민기금(아시아여성기금)' 발족. 한국 정대협 등 내외 43개 단체가 기금 발족에 반대하는 성명 발표 |
| | 08. 15 | 전국지 6개사 조간에 아시아여성기금의 전면광고, 호소문 발표. 패전 50년 무라야마 총리 담화. 중국인 위안부 손해배상 청구소송(제1차) |
| | 09. 04 | 제4회 세계여성회의 개최(~09. 15, 베이징) |
| | 12. 22 | 아시아여성기금 모금액 1억 2,906만 엔이 모임 |
| 1996 | 01. 04 | 쿠마라스와미 특별보고관, 유엔 인권위원회에 위안부 문제에 관한 보고서 제출 |
| | 03 | 국제노동기구(ILO), 위안부는 성노예이고 강제노동조약 위반이라는 견해 발표 |
| | 04. 29 | 유엔 인권위원회, 쿠마라스와미 보고서 전체에 "유의한다(take note)"라고 결의 채택 |
| | 04 | 월 말에 아시아여성기금 모금액 3억 3,000만 엔이 모임 |

| 1996 | 06. 04 | 아시아여성기금, 전 위안부에 대한 보상금(償い金)을 한 사람당 200만 엔으로 할 것을 결정 |
| --- | --- | --- |
| | 06. 27 | 1997년도용 중학교 사회과 교과서 검정결과 발표. 7권 모두 위안부에 관해 기술 |
| | 08. 14 | 아시아여성기금, 필리핀 전 위안부 3명에게 보상금 전달식 실시 |
| | 10 | 아시아여성기금, 위안부 관계자료위원회 설치 |
| | 10. 18 | 한국에서 '일본군'위안부' 문제의 올바른 해결을 위한 시민연대' 발족. 아시아여성기금에게 대항하고, 피해자 지원 모금활동 개시 |
| | 12. 02 | '새로운 역사교과서를 만드는 모임(만드는 모임)' 설립 기자회견 |
| 1997 | 01. 11 | 아시아여성기금, 한국 전 위안부 7명에게 보상금 전달식 실시 |
| | 02. 27 | 자유민주당 내에 '일본의 전도와 역사교육을 생각하는 젊은 의원 모임' 결성(사무국장 아베 신조) |
| | 03. 20 | 아시아여성기금, 『정부조사 '종군위안부' 관계자료집성』 1~3권 간행 |
| | 03. 25 | 아시아여성기금, 인도네시아 정부와 고령자 사회복지지원 사업에 대한 각서에 서명 |
| 1998 | 02 | 타이완 정부, 일본 정부의 보상 대체금으로 각 피해자에게 약 200만 엔 지급 |
| | 04. 27 | 관부재판에서 야마구치 지방재판소 시모노세키 지부가 일본국에 대해 "입법 부작위에 의한 국가배상을 인정하고" 전 위안부 3명에게 각각 30만 엔의 배상금 지급을 명령하라고 판결 |
| | 05 | 한국 정부, 아시아여성기금의 보상금을 받지 않는다고 서약한 전 위안부에게 3,500만 원 지급 |
| | 06. 06 | VAWW-NET Japan(전쟁과 여성에 대한 폭력 일본 네트워크) 발족(대표 마쓰이 야요리) |
| | 07. 15 | 하시모토 류타로 총리, 네덜란드 윌렘 빔 콕 총리에게 위안부 문제로 사죄편지를 보냄. 네덜란드 아시아여성기금 사업 실시위원회 설립. 동 위원회와 아시아여성기금, 각서 체결 |

| | | |
|---|---|---|
| 1998 | 08. 08 | 유엔 차별방지·소수자보호위원회(인권소위원회)의 맥두걸, 특별보고서 제출 |
| 1999 | 08 | 중학교 역사교과서 4개 사가 위안부 기술 삭제 |
| 2000 | 04. 13 | 후소샤, '만드는 모임'이 작성한 2002년도용 중학교 역사교과서를 문부성에 검정 신청 |
| | 12. 08 | 도쿄 구단회관에서 여성국제전범법정 개최(~12. 12) |
| 2001 | 01. 30 | 여성국제전범법정을 특집한 NHK 방송 '다시 묻는 전시 성폭력' 방송 개변 사건 |
| | 03. 21 | 민주·사민·공산 야당 3당 여성의원, 참의원에 '전시 성적강제 피해자 문제해결 촉진에 관한 법률안(위안부 법안)' 공동 제출, 내각위원회로 회부 |
| | 03. 29 | 관부재판 공소심에서 히로시마고등재판소는 전 위안부들의 손해배상 청구를 기각하여 역전 패소 |
| | 05. 08 | 한국 정부, 일본 정부에 대해 중학교 역사교과서의 기술 수정 요구 |
| | 05. 16 | 중국 정부, 역사교과서 문제에 대해 일본 정부에 이의 제기 |
| | 07. 14 | 아시아여성기금, 네덜란드 사업 종결 |
| 2002 | 09. 17 | 북일 정상회담에서 '평양선언' 발표 |
| | 09. 30 | 아시아여성기금, 보상금 사업 종료 |
| 2004 | 11. 29 | 김학순 재판, 최고재판소에서 기각 |
| 2005 | 08. 01 | 도쿄에 액티브뮤지엄 '여성들의 전쟁과 평화 자료관(wam)' 개관 |
| 2006 | 09. 26 | 아베 신조 내각 성립 |
| | 10. 05 | 아베 총리, 중의원 예산위원회에서 고노 담화를 계승한다고 답변 |

| | | |
|---|---|---|
| 2007 | 01. 31 | 미 하원 마이켈 혼다 의원 등, 위안부 문제 결의안 제출 |
| | 03. 31 | 아시아여성기금 해산 |
| | 06. 14 | 『워싱턴 포스트』에 위안부 문제에 관한 의견광고 'The Facts' 게재 |
| | 06. 26 | 미 하원 외교위원회, 혼다 의원 등이 제출한 결의안 가결 |
| | 09 | 디지털기념관 '위안부 문제와 아시아여성기금' 개설 |
| | 09. 26 | 아베 총리 사임 |
| 2009 | 09. 16 | 민주당으로 정권 교체, 하토야마 유키오 내각 성립 |
| 2010 | 08. 10 | 한국 병합 100년에 즈음하여 스가 나오히토 총리 담화 |
| 2011 | 08. 30 | 한국헌법재판소, 위안부 문제가 "정부의 부작위에 의한 위헌 상태"라고 판결 |
| | 12. 14 | 제1000회 수요집회가 열려 주한일본대사관 앞에 소녀상 설치 |
| | 12. 17 | 이명박 대통령, 교토에서 노다 요시히코 총리와의 정상회담에서 위안부 문제 해결을 강하게 요구(~12. 18) |
| 2012 | 8. 10 | 이명박 대통령, 독도 시찰 |
| | 10. 28 | 사이토 쓰요시 관방부장관과 이명박 대통령 특사 이동관이 도쿄에서 회담, 위안부 문제 해결안 합의 |
| | 12. 26 | 제2차 아베 내각 성립 |
| 2013 | 02. 25 | 박근혜, 한국 대통령 취임 |
| | 05. 13 | 하시모토 도루 오사카 시장, 위안부 문제에 대해 발언하여 내외적으로 파문을 일으킴 |
| | 05. 15 | 아베 총리, 참의원 예산위원회에서 무라야마 담화를 "정권으로서는 전체적으로 계승하겠다"고 표명 |
| | 10. 16 | 『산케이신문』, 일본 정부가 1993년에 서울에서 실시한 전 위안부 16명에 대한 구술조사 보고서를 입수하여 보도. 검증 없는 "부실한 조사", "고노 담화 근거 무너졌다"고 비난 |
| | 12. 26 | 아베 총리, 야스쿠니 신사 참배 |

| | | |
|---|---|---|
| 2014 | 01.30 | 프랑스에서 개최된 앙굴렘국제만화제에 한국의 위안부 만화 전시(~02.02) |
| | 02.20 | 중의원 예산위원회에서 야마다 히로시 의원이 이시하라 노부오 전 관방부장관에게 고노 담화 작성 과정에 대해 질문. 두 가지 검정을 정부에게 요구함 |
| | 02.28 | 스가 요시히데 관방장관, '고노 담화 작성 과정 등에 관한 검토팀' 설치 발표 |
| | 03.14 | 아베 총리, 참의원 예산위원회에서 고노 담화에 대해 "아베 내각에서 재검토하는 것은 생각하고 있지 않다"고 표명 |
| | 06.02 | 제12회 일본군'위안부' 문제 아시아연대회의, '일본 정부에 대한 제안' 채택 |
| | 06.20 | 고노 담화 작성 과정 검증위원회, '위안부 문제를 둘러싼 한일 간의 의견교환 경위' 발표 |
| | 08.05 | 『아사히신문』, 특집기사 「위안부 문제를 생각한다」를 이틀에 걸쳐 게재. '정신대 전설' 보도 반성, '요시다 증언'을 오보라고 부정(~08.06) |
| | 11.17 | 『홋카이도신문』, '요시다 증언' 보도를 오보라며 사죄 |
| | 12.22 | 아사히신문사 제3자 위원회, 위안부 보도 검증보고서 발표 |
| 2015 | 01.09 | 『요미우리신문』, 일본 정부가 지난해 말 민간출판사의 교과서에 군위안부 기술 삭제를 용인했다고 보도. 우에무라 다카시 전 『아사히신문』 기자 『슈칸분슌』과 니시오카 쓰토무 도쿄기독교대 교수를 상대로 소송 제기 |
| | 01.15 | 아베 총리, 한일 의원연맹 회장인 서청원과의 면담에서 "고노 담화를 계승한다"고 발언 |
| | 01.19 | 제6차 한일 국장급 협의 개최(도쿄) |
| | 01.26 | 일본 우익 인사 8,700명, 위안부 강제동원의 증거가 없다며 『아사히신문』을 상대로 소송 제기 |
| | 02.08 | 미국 역사학자 19명, 아베 총리의 과거사 수정 시도를 비판하는 집단성명 발표 |
| | 02.11 | 하기우다 고이치 자민당 총재 특별보좌, "일본에 전범은 존재하지 않는다"고 발언 |
| | 02.13 | 일본 아베 총리, 한국 박근혜 대통령에게 친서를 보냄 |

| 2015 | 03. 16 | 제7차 한일 국장급 협의 개최(서울) |
|---|---|---|
| | 03. 17 | 일본 극우학자 19명, 위안부 여성을 '성매매 여성'에 빗대어 설명하면서 미국 맥그로힐사 교과서 기술 수정 요구 |
| | 03. 21 | 제7차 한중일 외교장관회의 개최(서울) |
| | 03. 30 | 미국 국무부, 일본군'위안부' 문제에 대해 "성을 목적으로 여성을 매매한 행위"라고 규정 |
| | 04. 08 | 일본군 부대장이 '위안부 강제연행'을 지시한 문서 발견 |
| | 04. 27 | 일본 아베 총리, 하버드대 강연에서 위안부 피해자를 "인신매매 희생자"라고 언급 |
| | 04. 29 | 일본 아베 총리, 미국 상·하원에서 합동 연설 |
| | 05. 16 | 세계 역사학자 187명, 아베 신조 일본 총리의 올바른 역사인식을 촉구하는 집단성명 발표 |
| | 05. 25 | 중국 '위안부-일본군 성노예 문서'를 국가급 기록유산으로 승격 |
| | 06. 11 | 제8차 한일 국장급 협의 개최(도쿄) |
| | 06. 21 | 한국 윤병세 외교부장관과 일본 기시다 후미오 외무상, 도쿄에서 외교장관회담 개최 |
| | 06. 22 | 한국 박근혜 대통령과 일본 아베 신조 총리, 한일 국교정상화 50주년 기념행사 교차 참석 |
| | 08. 12 | 일본 하토야마 유키오 전 일본 총리, 서대문형무소에 찾아가 사죄 |
| | 08. 14 | 일본 아베 총리, '전후 70년 담화' 발표 |
| | 09. 18 | 제9차 한일 국장급 협의 개최(도쿄) |
| | 09. 22 | 미국 샌프란시스코에서 위안부 기림비 건립 결의안 통과 |
| | 09. 28 | 한국 박근혜 대통령, 뉴욕에서 열린 유엔총회 기조연설에서 일본군'위안부' 문제 언급 |
| | 09. 30 | 한일 외교장관회담 개최(뉴욕) |
| | 11. 01 | 한중일 정상회담(한국 박근혜 대통령, 일본 아베 신조 총리, 중국 리커창 총리) 개최(서울) |
| | 11. 02 | 3년 5개월 만에 한일 정상회담 개최(서울) |
| | 11. 11 | 제10차 한일 국장급 협의 개최(서울) |
| | 12. 01 | 중국 최초 위안부기념관 개관 |

| 2015 | 12. 05 | 대구에서 '희움 일본군위안부 역사관' 개관 |
|---|---|---|
| | 12. 15 | 제11차 한일 국장급 협의 개최(도쿄) |
| | 12. 28 | 서울에서 열린 한일 외교장관회담에서 위안부 문제 합의 |

| 2016 | 01. 14 | 일본 자민당 사쿠라다 요시타가 중의원 의원, "위안부는 직업적 매춘부였다"고 발언 |
|---|---|---|
| | 02. 16 | 스위스 제네바에서 열린 유엔 여성차별철폐위원회에 일본 정부 대표로 참석한 일본 외무성 심의관 스기야마 신스케가 "일본군위안부의 강제연행은 없었다"고 주장 |
| | 02. 24 | 정대협, 3월 1일을 '일본군위안부 합의 무효 전국행동의 날'로 선포 |
| | 03. 01 | 한국, 전국에서 일본군'위안부' 문제 합의에 반대하는 집회가 열림. 한국 대학생, '평화의 소녀상'을 지키는 노숙 농성 62일 만에 종료. 전국 50개 지자체 해외 자매·우호도시에 '평화의 소녀상' 건립 추진 공동성명 발표 |
| | 03. 02 | 일본 외무성, 유엔 여성차별철폐위원회에서 강제연행을 부정한 스기야마 심의관 발언 홈페이지 게재 |
| | 03. 07 | 유엔 여성차별철폐위원회, 일본군'위안부' 문제의 책임을 회피·축소하는 언행의 중단과 일본 교과서에 위안부 문제를 포함시킬 것을 일본 정부에 촉구 |
| | 03. 08 | 뉴욕시의회, 일본군'위안부' 결의안 추진. 이용수 할머니, 뉴욕시청 앞 기자회견에서 한일 위안부 합의를 받아들일 수 없다고 밝힘 |
| | 03. 09 | 미국 워싱턴 D.C. 주미일본대사관 앞에서 수요집회가 열림 |
| | 03. 10 | 일본 시민단체인 일본군'위안부'문제해결전국행동, 유엔 여성차별철폐위원회에서 강제연행을 부정한 스기야마 심의관 발언 비판. 자이드 라아드 후세인 유엔 인권 최고대표, 한일 정부는 일본군'위안부' 피해자 문제와 관련하여 "위안부 피해자 판단이 가장 중요하다"고 지적 |
| | 03. 11 | 반기문 유엔 사무총장, 뉴욕 유엔본부에서 위안부 피해자 길원옥 할머니와 면담, 합의 내용을 환영한 것은 아니라고 설명 |

| 2016 | 03. 14 | 강은희 여성가족부장관, 뉴욕에서 한일 정부 간 위안부 합의 옹호 발언. 일본 자민당 중진 오노데라 이쓰노리 전 일본방위상, 미국 로스앤젤레스 랜드연구소 강연에서 일본군'위안부' 문제를 매우 죄송하게 생각한다고 발언. 이용수 할머니와 마이크 혼다 미국 하원의원, 캘리포니아 샌타클래라대학 벤슨홀에서 열린 간담회에서 일본 정부 질타 |
| | 03. 16 | 한국 33개 대학, 학내 수요시위 개최 |
| | 03. 17 | 일본군'위안부' 피해자 이용수 할머니, 미국 캘리포니아주 상원 공로상 수상 |
| | 03. 18 | 일본 고등학교 교과서 검정 발표. 일본군위안부 표현에서 '군' 삭제 |
| | 03. 22 | 도쿄에서 일본군'위안부' 피해자 문제 논의를 위한 한일 외교부 국장급 협의 개최. 일본군'위안부' 지원 재단을 조기 설립 협력하기로 함. 일본군'위안부' 피해자 이용수 할머니, 미국 로스앤젤레스 시의회 공로상 수상 |
| | 03. 27 | 위안부 피해자 할머니들, 한일 외교장관 합의로 기본권이 침해됐다며 헌법재판소에 헌법소원 제기(민주사회를 위한 변호사 모임) |
| | 03. 31 | 박근혜 대통령, 버락 오바마 미국 대통령, 아베 신조 일본 총리가 미국 워싱턴 D.C.에서 한미일 3국 정상회의 개최. 미국 워싱턴에서 박근혜 대통령과 아베 총리가 정상회담 개최 |
| | 04. 05 | 위안부 합의 100일, 한국 외교부는 여성가족부 등 관련 부처와 긴밀히 협의하여 위안부 피해자 재단 설립 준비를 착실히 진행중이라고 밝힘. 미국 글렌데일 시장, 한일 양국 정부의 위안부 합의 지지 발언 |
| | 04. 06 | 하기우다 고이치 일본 관방부장관, "위안부 재단 설립과 소녀상 철거는 패키지로 이뤄져야 한다"고 주장 |
| | 04. 07 | 한국 외교부, "위안부 피해자 재단 설립 문제와 소녀상 문제는 별개의 사안"이라고 밝힘 |
| | 04. 09 | 위안부 피해자 이옥선·강일출 할머니, 뉴욕 롱아일랜드 나소 카운티 홀로코스트센터에서 위안부 피해 증언 |
| | 04. 15 | 최성 고양시장, 위안부 피해자 이옥선·강일출 할머니, 뉴욕 유엔본부 앞에서 일본군'위안부' 문제 해결 촉구 시위 |
| | 04. 26 | 김종인 더불어민주당 대표, 벳쇼 주한일본대사를 만나 한일 위안부 합의의 조속한 이행 촉구 |

| | | |
|---|---|---|
| 2016 | 04. 27 | 일본 정부, 12·28합의에 '소녀상 철거'가 사실상 포함된다는 공식 견해를 밝힘 |
| | 05. 14 | 하기우다 고이치 일본 관방부장관, 일본군'위안부' 소녀상은 한국 정부가 적절히 해결, 노력할 것을 기대한다고 발언 |
| | 05. 16 | 정의화 국회의장, 일본 주오대 특강 후 질의응답에서 "한일 위안부 합의 국회비준은 필요시행 아니나"라고 발언 |
| | 05. 17 | 12·28 한일 위안부 합의 후속조치 논의를 위한 국장급 협의 개최(도쿄) |
| | 05. 18 | 정대협, '김복동나비평화상' 첫 수장자로 두레방·새움터·햇살사회복지회 선정 |
| | 05. 19 | 제14차 일본군'위안부' 문제 해결을 위한 아시아연대회의 개최(서울) |
| | 05. 31 | 한국 정부, 일본군'위안부' 피해자지원재단 설립준비위원회 출범. 준비위원장에 김태현 성신여대 명예교수 내정. 8개국 14개 시민사회단체, 영국 전쟁기념관 일본군'위안부' 관련 기록물 세계기록유산 공동 등재 신청 |
| | 06. 09 | 시민들이 만든 '일본군 성노예제 문제 해결을 위한 정의기억재단(정의기억재단)' 출범 |
| | 06. 29 | 서울시, 일본군'위안부' 피해자 추모공원 '기억의 터' 기공식 |
| | 07. 21 | 영화 〈귀향〉, 일본에서 첫 상영 |
| | 07. 28 | 일본군'위안부' 피해자 지원 '화해·치유재단' 출범 |
| | 08. 06 | 오스트레일리아 시드니에 '평화의 소녀상' 건립 |
| | 08. 09 | 위안부 합의 후속 이행을 위한 한일 국장급 협의 개최(서울) |

미주

1  和田春樹, 「被害者訪ね謝罪の言葉を」, 『朝日新聞』 2015. 12. 29.
2  慰安婦問題は, 当時の軍の関与の下に, 多數の女性の名譽と尊嚴を深く傷つけた問題であり, かかる觀点から, 日本政府は責任を痛感している. 私は, 日本国の內閣總理大臣として, 改めて慰安婦として數多の苦痛を経驗され, 心身にわたり癒しがたい傷を負われた全ての方に對し, 心からのおわびと反省の氣持ちを表明する. 2015年12月28日 日本国內閣總理大臣 安倍晋三.
3  日本朝鮮研究所, 1964, 『日・朝・中三国人民連帶の歷史と理論』.
4  小森陽一・朴裕河 外 編, 2008, 『東アジア歷史認識論爭メタヒストリ』, 靑弓社.
5  黑澤文貴 編, 2010, 『戰爭・平和・人權』, 原書房.
6  佐藤健生 編, 2011, 『過ぎ去らぬ過去との取り組み-日本とドイツ』, 岩波書店.
7  志水紀代子・山下英愛 編, 2012, 『「慰安婦」問題の解決に向けて』, 白澤社.
8  '여성을 위한 아시아평화국민기금'이 일본군'위안부' 피해자에게 일시금으로 지급한 '쓰구나이긴(償い金)'을 어떻게 번역할 것인가에 대해서는 성격 문제와 관련하여 논란이 되었다. 영어로는 'atonement money'로 표기했으며, 동 기금 홈페이지 한국어판에는 '사죄금'으로 번역되어 있다. 쓰구나이긴 관련 보도를 최초로 한 언론은 『아사히신문』으로, 1994년 8월 18일 피해자에게 '미마이킨(見舞金)'을 지급할 예정이라고 보도했다. 이것을 한국에서는 '위로금(慰勞金)'으로 보도했다. 한국 언론이 이것을 위로금으로 번역한 것은 한국정신대문제대책협의회가 1992년 5월 20일 위로금 지급으로 일본군'위안부' 문제를 해

결하려는 것에 대해 반대한다는 성명을 발표했던 것에 드러나 있듯이, 한국에서는 법적 책임을 인정하지 않는 의미로 받아들였다.

9 西岡力, 2014, 『朝日新聞「日本人への大罪」』, 悟空出版.
10 山際澄夫, 2014, 『すべては朝日新聞から始まった「慰安婦問題」』, WAC.
11 한국 군대의 대령·중령·소령에 해당한다.
12 『「従軍慰安婦」にされた方への償いのために』, 1993. 10, 「従軍慰安婦」とは, かつての戰爭の時代に, 日本軍の慰安所で將兵に性的な奉仕を强いられた女性たちのことです.
13 吉見義明, 1995, 『從軍慰安婦』, 岩波新書.
14 秦郁彦, 1999, 『慰安婦と戰場の性』, 新潮社.
15 大沼保昭, 2007, 『「慰安婦」問題とは何だったのか』, 中公新書.
16 熊谷奈緒子, 2014, 『慰安婦問題』, ちくま新書.
17 千田夏光, 1973, 『從軍慰安婦 "聲なき女" 八万人の告發』, 双葉社.
18 金一勉, 1976, 『天皇の軍隊と朝鮮人慰安婦』, 三一書房.
19 吉田淸治, 1983, 『私の戰爭犯罪 – 朝鮮人强制連行』, 三一書房.
20 한국정신대문제대책협의회·한국정신대연구소, 1993, 『강제로 끌려간 조선인 군위안부들』 증언집 1, 한울.
21 Soh, C. Sarah, 2008, *The Comfort Women: Sexual Violence and Postcolonial Memory in Korea and Japan*, Chicago: University of Chicago Press, p.133.
22 『政府調查「從軍慰安婦」關係資料集成』1卷, 36~38쪽.
23 『政府調查「從軍慰安婦」關係資料集成』1卷, 105~109쪽.
24 『政府調查「從軍慰安婦」關係資料集成』1卷, 12~24쪽.
25 『政府調查「從軍慰安婦」關係資料集成』1卷, 69~75쪽.
26 『政府調查「從軍慰安婦」關係資料集成』2卷, 5~7쪽.
27 西岡力, 2014, 『朝日新聞「日本人への大罪」』, 悟空出版, 54쪽.
28 나가이 가즈(永井和)는 이러한 문서는 "성적 노동력이 군수동원의 대상이 되고, 전시동원이 시작되었다"는 사실을 보여주는 것이라고 평가하고 있다. 永井和, 2004~2012, 「日本軍の慰安所政策について」(http://nagaikazu.

la.coocan.jp/works/guniansyo.html)

29 『政府調査「従軍慰安婦」関係資料集成』1卷, 77~86쪽.
30 『政府調査「従軍慰安婦」関係資料集成』1卷, 87~100쪽.
31 吉見義明, 1995, 『従軍慰安婦』, 岩波新書, 165~166쪽.
32 『政府調査「従軍慰安婦」関係資料集成』2卷, 39~41쪽.
33 『「慰安婦」問題調査報告 1999』, 38항.
34 『政府調査「従軍慰安婦」関係資料集成』1卷, 163쪽.
35 軍ノ証明書ニ依リ(軍用船ニテ)渡航セシメラレ度シ.
36 『政府調査「従軍慰安婦」関係資料集成』2卷, 203~204쪽.
37 『政府調査「従軍慰安婦」関係資料集成』5卷, 151~153, 203~209쪽.
38 堀和生・木村幹 監訳, 2013, 『ビルマ・シンガポールの従軍慰安婦』(日本語仮訳版) 1943년 7월 10일, 1944년 4월 6일 기록.
39 文玉珠, 1996, 『ビルマ戦線 楯師団の「慰安婦」だった私』, 梨の木舍.
40 和田春樹, 「政府発表文書にみる「慰安所」と「慰安婦」, 『「慰安婦」問題調査報告 1999』.
41 和田春樹, 「政府発表文書にみる「慰安所」と「慰安婦」, 『「慰安婦」問題調査報告 1999』.
42 山本まゆみ・ウィリアム・ブラッドリー・ホートン, 「日本占領下インドネシアにおける慰安婦」, 『「慰安婦」問題調査報告 1999』.
43 倉沢愛子, 「インドネシアにおける慰安婦調査報告」, 『「慰安婦」問題調査報告 1999』.
44 『朝日新聞』1991. 12. 13.
45 岡部直三郎北支那方面軍参謀長の通牒など.
46 『朝日新聞』1992. 1. 14, 日本政府檢證報告書.
47 『朝日新聞』1992. 1. 17, 夕刊.
48 『朝日新聞』1992. 1. 18.
49 『조선일보』1992. 1. 21.
50 『조선일보』1992. 1. 23.
51 木村幹, 2014, 『日韓歴史認識問題とは何か−歴史教科書・「慰安婦」・ポ

ピュリズム』, ミネルヴァ書房, 164쪽. 이 1992년 1월 21일 한국 정부의 보상 요구 결정이 일본 정부의 '사죄외교'의 기반을 붕괴시킨 "한일 간의 역사인식문제에 관한 결정적인 전환점이었다"고 써 있다.

52　西岡力, 1992, 「『慰安婦問題』とは何だったのか」, 『文藝春秋』 4月号.
53　西岡力, 1992, 「慰安婦と挺身隊と－繰り返される日本の謝罪体質」, 『正論』 4月号.
54　秦郁彦, 「朝鮮人従軍慰安婦, 強制連行に疑問/加害者の"告白", 被害者が否定」, 『産經新聞』 1992. 4. 30.
55　秦郁彦, 1992, 「従軍慰安婦たちの春秋」, 『正論』 6月号.
56　吉田淸治, 1977, 『朝鮮人慰安婦と日本人－元下関労報動員部長の手記』, 新人物往來社.
57　吉見義明 編, 1992, 『従軍慰安婦資料集』, 大月書店.
58　韓国挺身隊問題対策協議会, 1993, 『挺身隊資料集』 Ⅳ, 106쪽.
59　服部龍二, 2015, 『外交ドキュメント 歴史認識』, 岩波新書.
60　永井和, 「日本軍の慰安所政策について」(補論).
61　韓国挺身隊問題対策協議会, 1993, 『挺身隊資料集』 Ⅳ, 114쪽; 『朝日新聞』 1993. 8. 5.
62　「『従軍慰安婦』問題で區切り, 日韓新時代構築に不可欠」, 『讀賣新聞』 1993. 8. 5.
63　「慰安婦『強制』認め謝罪, 『總じて意に反した』」, 『朝日新聞』 1993. 8. 5.
64　한국 부산시 등의 전 '위안부'와 전 여자근로정신대 10명이 일본국의 공식 사죄와 배상을 요구하며 야마구치(山口)지방법원 시모노세키(下関)지부에 1992년 12월 이후 3차에 걸쳐 제소했다. 1998년 4월 24일 시모노세키지방법원 판결은 전 위안부 피해자에 대한 전후 일본국의 입법 부작위를 인정하는 일부 승리 판결이었지만, 히로시마(廣島)고등재판소를 거쳐 최고재판소(대법원)에서 패소가 확정되었다.
65　각의 결정을 거치지 않은 것을 '총리의 담화'라고 하고, 각의 결정을 거친 것을 '총리 담화'라고 한다.
66　鈴木裕子 編, 2013, 『資料集 日本軍「慰安婦」問題と「国民基金」』, 171～

173쪽.
67 『関釜裁判ニュース』第8号, 1994. 12. 17.
68 女性のためのアジア平和国民基金, 2007, 『オーラルヒストリーアジア女性基金』.
69 大沼保昭 ら 編, 1998, 『「慰安婦」問題とアジア女性基金』, 東信堂, 22~23쪽.
70 第9回 理事會議事錄, 『基金ニュース』 6号; 女性のためのアジア平和国民基金, 2007, 『オーラルヒストリーアジア女性基金』, 横田洋三 발언.
71 『世界』 1996年 9月号, 1999年 1月号.
72 大島孝一·有光健·金英姫 編, 1996, 『「慰安婦」への償いとは何か-「国民基金」を考える』, 明石書店.
73 女性のためのアジア平和国民基金, 2007, 『オーラルヒストリーアジア女性基金』, Nelia Sancho의 증언.
74 『동아일보』1997. 1. 13.
75 亞州女性基金会以日本国民的捐款爲資金, 対毎位原「従軍慰安婦」致送二〇〇万円日円的慰撫金.
76 荒井信一, 2006, 『歴史和解は可能か-東アジアでの対話を求めて』, 岩波書店.
77 『朝日新聞』 2013. 10. 13.
78 provide, in order to express Japan's feelings of atonement toward the "wartime comfort women" issue, financial resources for the PCIN to implement the project which will help to improve the living conditions of those wartime victims ….
79 女性のためのアジア平和国民基金·「慰安婦」関係資料委員会 編, 1999, 『「慰安婦」問題調査報告 1999』.
80 女性のためのアジア平和国民基金, 2007, 『オーラルヒストリーアジア女性基金』.
81 デジタル記念館 慰安婦問題とアジア女性基金.
82 『産経新聞』 2013. 1. 19.
83 『全国行動ニュース』 7号, 2014. 9. 27, 梁澄子 발언.

84  이 글을 쓴 후인 2015년 11월 1일 서울에서 한일 정상회담이 개최되었다.
85  藪中三十二, 2015, 『日本の針路』, 岩波書店, 196쪽.
86  土野瑞穂, 『「慰安婦」問題と「償い」のポリティックス-「女性のためのアジア平和国民基金」を中心に』(お茶の水女子大学大学院 博士論文, 2014).
87  村山富一・和田春樹 編, 2014, 『デジタル記念館 慰安婦問題とアジア女性基金』, 青灯社.
88  和田春樹, 「慰安婦問題の解決は可能か」, 『世界』 2016年 1月号.
89  和田春樹, 「日韓外相会談による合意について考える」, 『世界』 2016年 4月号.

참고문헌

제1장

女性のためのアジア平和国民基金 編, 1997~1998, 『政府調査「従軍慰安婦」関係資料集成』1~5巻, 龍溪書舎.

女性のためのアジア平和国民基金・「慰安婦」関係資料委員会 編, 1999, 『「慰安婦」問題調査報告 1999』, 女性のためのアジア平和国民基金.

女性のためのアジア平和国民基金, 2007, 『オーラルヒストリーアジア女性基金』.

女性のためのアジア平和国民基金, 2007, 『「慰安婦」問題とアジア女性基金』.

和田春樹, 「政府発表文書にみる「慰安所」と「慰安婦」-『政府調査「従軍慰安婦」関係資料集成』を読む)」.

波多野澄雄, 「防衛庁防衛研究所所蔵＜衛生・医事関係資料＞の調査概要」.

高崎宗司, 「「半島女子勤労挺身隊」について」.

浅野豊美, 「雲南・ビルマ最前線における慰安婦達-死者は語る」.

倉沢愛子, 「インドネシアにおける慰安婦調査報告」.

山本まゆみ・ウィリアム・ブラッドリー・ホートン, 「日本占領下インドネシアにおける慰安婦-オランダ公文書館調査報告」.

村山富一・和田春樹 編, 2014, 『デジタル記念館 慰安婦問題とアジア女性基金』, 青灯社.

제2장

大島孝一・有光健・金英姫 編, 1996, 『「慰安婦」への償いとは何か-「国民基金」を考える』, 明石書店.

大沼保昭・下村満子・和田春樹 編, 1998, 『「慰安婦」問題とアジア女性基金』, 東信堂.

大沼保昭, 2007, 『「慰安婦」問題とは何だったのか－メディア・NGO・政府の功罪』, 中公新書.

朴裕河(佐藤久 訳), 2006, 『和解のために－教科書・慰安婦・靖国・独島』, 平凡社(2011, 平凡社ライブラリー).

山下英愛, 2008, 『ナショナリズムの狭間から－「慰安婦」問題へのもう一つの視座』, 明石書店.

志水紀代子・山下英愛 編, 2012, 『シンポジウム記録「慰安婦」問題の解決に向けて－開かれた議論のために』, 白澤社.

上野千鶴子, 2012, 『ナショナリズムとジェンダー新版』, 岩波現代文庫.

鈴木裕子 編, 2013, 『資料集 日本軍「慰安婦」問題と「国民基金」』, 現代女性社会史研究所.

西野瑠美子・金富子・小野沢あかね 責任編集, 2013, 『「慰安婦」バッシングを越えて－「河野談話」と日本の責任』, 大月書店.

熊谷奈緒子, 2014, 『慰安婦問題』, ちくま新書.

朴裕河, 2014, 『帝国の慰安婦－植民地支配と記憶の闘い』, 朝日新聞出版.

## 제3장

韓国挺身隊問題対策協議会, 1993, 『挺身隊資料集』Ⅳ.

韓国挺身隊問題対策協議会・挺身隊研究会 編(従軍慰安婦問題ウリヨソンネットワーク訳), 1993, 『証言 強制連行された朝鮮人軍慰安婦たち』, 明石書店.

文玉珠, 1996, 『ビルマ戦線 楯師団の「慰安婦」だった私』, 梨の木舎.

戦後五〇年国会決議を求める会・和田春樹・石坂浩一 編, 1996, 『日本は植民地支配をどう考えてきたか』, 梨の木舎.

キム・ユンシム(根本理恵 訳), 2000, 『海南の空へ－戦場からソウル、そして未来への日記』, パンドラ.

在日の慰安婦裁判を支える会 編, 2007, 『オレの心は負けてない－在日朝鮮

人「慰安婦」宋神道のたたかい』, 樹花舎.

尹美香(梁澄子 訳), 2011, 『二〇年間の水曜日-日本軍「慰安婦」ハルモニが叫ぶゆるぎない希望』, 東方出版.

マルゲリート・ハーマー(村岡崇光 訳), 2013, 『折られた花-日本軍「慰安婦」とされたオランダ人女性たちの声』, 新教出版社.

堀和生・木村幹 監訳, 2013, 『ビルマ・シンガポールの従軍慰安婦』(日本語仮訳版)(韓国坡州市の博物館に収蔵されていた慰安所管理人の日記 1943-1944年).

戦後責任を問う・関釜裁判を支援する会 編, 2014, 『関釜裁判ニュース-釜山従軍慰安婦・女子勤労挺身隊公式謝罪等請求事件 1993-2013)』.

## 제4장

吉見義明 編, 1992, 『従軍慰安婦資料集』, 大月書店.

吉見義明, 1995, 『従軍慰安婦』, 岩波新書.

吉見義明・林博史 編著, 1995, 『共同研究 日本軍慰安婦』, 大月書店.

秦郁彦, 1999, 『慰安婦と戦場の性』, 新潮社.

『日本軍性奴隷制を裁く-二〇〇〇年女性国際戦犯法廷の記録』第1~6巻, 緑風出版, 2000~2002.

尹明淑, 2003, 『日本の軍隊慰安所制度と朝鮮人軍隊慰安婦』, 明石書店.

永井和, 2004~2012, 「日本軍の慰安所政策について」(http://nagaikazu.la.coocan.jp/works/guniansyo.html).

荒井信一, 2006, 『歴史和解は可能か-東アジアでの対話を求めて』, 岩波書店.

鄭鎮星(鄭大成ほか 訳), 2008, 『日本軍の性奴隷制-日本軍慰安婦問題の実像とその解決のための運動』, 論創社.

Soh, C. Sarah, 2008, *The Comfort Women: Sexual Violence and Postcolonial Memory in Korea and Japan*, Chicago: University of Chicago Press.

『韓国挺身隊問題対策協議会二〇年史』(ハングル) ソウル, ハヌル, 2014.

土野瑞穂, 『「慰安婦」問題と「償い」のポリティックス-「女性のためのアジア

平和国民基金」を中心に』(お茶の水女子大学大学院 博士論文, 2014).

木村幹, 2014, 『日韓歴史認識問題とは何か-歴史教科書・「慰安婦」・ポピュリズム』, ミネルヴァ書房.

服部龍二, 2015, 『外交ドキュメント 歴史認識』, 岩波新書.

## 제5장

(韓国) 挺身隊問題実務対策班, 1992. 7. 31, 「日帝下軍隊慰安婦実態調査中間報告書」.

日本政府検証報告書, 2014. 6. 20, 「慰安婦問題を巡る日韓間のやりとりの経緯-河野談話作成からアジア女性基金まで」.

朝日新聞社第三者委員会, 2014. 12. 22, 「報告書」.

# 일본군 '위안부' 문제의
# 해결을 위하여

초판 1쇄 인쇄   2016년 9월 26일
초판 1쇄 발행   2016년 10월 1일

**지은이**   와다 하루키
**옮긴이**   정재정

**펴낸곳**   역사공간
**펴낸이**   주혜숙
**등 록**   2003년 7월 22일 제6-510호
**주 소**   04030 서울특별시 마포구 양화로 11길 18 원오빌딩 4층
**전 화**   02-725-8806, 070-7825-9900
**팩 스**   02-725-8801, 0505-325-8801
**E-mail**   jhs8807@hanmail.net

ISBN 979-11-5707-104-3  03900

* 이 도서의 국립중앙도서관 출판예정도서목록(CIP)은 서지정보유통지원시스템 홈페이지(http://seoji.nl.go.kr)와 국가자료공동목록시스템(http://www.nl.go.kr/kolisnet)에서 이용하실 수 있습니다.(CIP제어번호 : CIP2016020494)